U0731134

房地产业是国民经济发展的重要基础产业，特别是对于一个处于城镇化中的经济体而言，房地产业不仅担负着为城镇化新增人口提供住房的重责，同时也发挥着为整个城市提供商业和办公设施的作用。作为与经济、民生密切相关的重要变量，中国房地产市场的健康运行对于宏观调控决策、国民经济发展和社会稳定和谐都具有重要影响。

随着经济的发展，城镇人口的增加及人们商业、娱乐、居住等需求的提高，越来越多的高楼拔地而起，房地产业快速前进，房地产已经成为拉动经济的支柱性产业。但是，随着人均面积的减小及市场上各种不稳定因素的波动，房地产经济也呈现出泡沫经济，波动幅度大，有大量的资金货币供应，一旦房地产经济出现了问题，将会影响到整个社会的经济平衡，后果严重。因此，积极研究及分析房地产经济存在的问题，寻找正确之路是十分具有价值和意义的。

进入新经济时代后，房地产企业的管理者必须改变传统经济时代下开发管理的措施，还要改变传统的管理理念，针对社会网络化的发展形势，对开发管理的机制进行优化与完善，这样才能促进房地产企业经济效益更大的提升，才能提高企业的竞争力。房地产行业是我国国民经济的重要支柱，提高房地产开发管理的水平，可以促进房地产项目的规范化管理。

房地产市场全析
理论、开发、税收与未来

DECODING THE REAL
ESTATE MARKET:
THEORIES, DEVELOPMENT,
TAXATION, AND FUTURE TRENDS

郑羡云　著

辽宁科学技术出版社
·沈阳·

图书在版编目（CIP）数据

房地产市场全析：理论、开发、税收与未来 / 郑羡云著 . -- 沈阳：辽宁科学技术出版社，2025. 5. -- ISBN 978-7-5591-4136-1

Ⅰ . F299.233.5

中国国家版本馆 CIP 数据核字第 202554U8G9 号

出版发行：辽宁科学技术出版社
 　　　　 （地址：沈阳市和平区十一纬路 25 号　邮编：110003）
印　刷　者：北京虎彩文化传播有限公司
经　销　者：各地新华书店
幅面尺寸：184mm×260mm
印　　张：13.375
字　　数：290 千字
出版时间：2025 年 5 月第 1 版
印刷时间：2025 年 5 月第 1 次印刷
责任编辑：杜丙旭　赵祎琛
封面设计：关木子
版式设计：关木子
责任校对：韩欣桐

书　　号：ISBN 978-7-5591-4136-1
定　　价：98.00 元

联系电话：024-23280070
邮购热线：024-23284502
http://www.lnkj.com.cn

目录

第一章
房地产市场概述

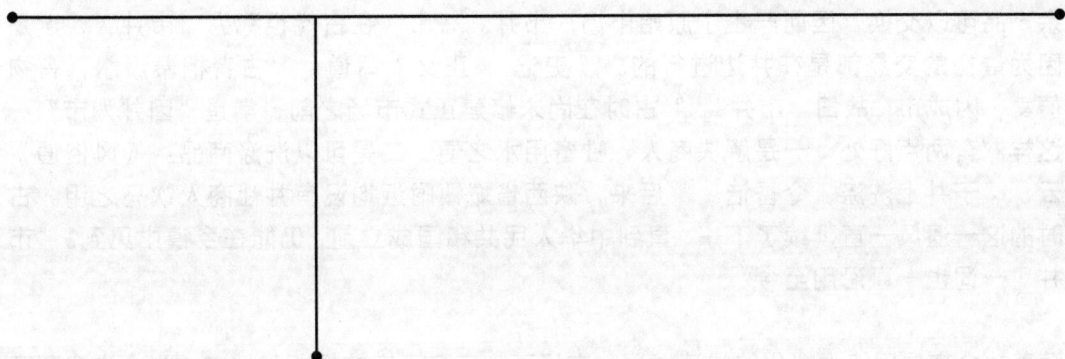

第一节 市场与房地产市场

一、市场

研究房地产市场管理问题，如同研究其他问题一样，都需要研究被研究主题——市场本身的内容。而且，更多地了解市场自身的内涵与特征，有助于我们了解我国当前的房地产市场所面临的问题。

（一）市场的起源

"市场"的称呼起源于古时人类在固定时段或地点进行交易的场所。《周易·系辞》就市场的起源问题写道："日中为市，致天下之民，聚天下之货，交易而退，各得其所。"司马光在《资治通鉴》中也提到："神农日中为市，致天下之民，聚天下之货，交易而退，此立市之始也。"这两种说法一致认为，原始市场是从神农氏时代开始出现的。

我国古代社会进入农业时期，社会生产力有了一定发展后，先民们就开始有了少量剩余产品可以交换，因而产生了原始市场：市井。"市"在古代也称为"市井"，这是因为最初的交易都是在井边进行的。《史记·正义》写道："古者相聚汲水，有物便卖，因成市，故曰'市井'。"古时在尚未修建正式市场之前，常是"因井为市"。这样做有两点好处：一是解决商人、牲畜用水之便，二是可以洗涤商品。《风俗通》云："于井上洗涤，令香洁。"后来，陕西省城镇附近均设有井让商人饮马之用。古时的这一遗风一直延续了下来，直到中华人民共和国成立前，仍能在乡镇中见到。"市井"一词也一直沿用至今。

随着社会交易网络虚拟化的快速发展，市场不一定有真实的场所和地点。当今许多买卖都是通过计算机网络来实现的，中国最大的电子商务网站淘宝网就是提供交换的虚拟市场。淘宝网——亚洲第一大网络零售商圈，致力于创造全球首选网络零售商圈，由阿里巴巴集团于 2003 年 5 月 10 日投资创办。淘宝网目前业务跨越 C2C（消费者间）、B2C（商家对个人）两大部分。到 2008 年，注册用户超过 9800 万，拥有中国绝大多数网购用户，覆盖了中国绝大部分网购人群；2008 年交易额为 999.6 亿元。2020 年 12 月末我国淘宝用户数量已经突破 7 亿，仅 2020 年双十一狂欢节交易额就达到 4982 亿元。

由此可见，市场是社会分工和商品经济发展的必然产物；同时，市场在其发展壮大的过程中，也推动着商品经济和社会分工的进一步发展。市场通过信息机制直接影响着人们生产什么、生产多少、为谁生产以及上市时间与产品销售状况等环节。市场联结着商品经济发展过程中的产、供、销三方，为产、供、销三方提供交易场所、交易时间以及其他交易条件，以此实现商品生产者、经营者与消费者各自的经济利益。

（二）市场概念的一般解释

市场（Market）是由一切具有特定需求和欲望，并且愿意和能够通过交换的方式来满足需求和欲望的顾客构成的。狭义上的市场是买卖双方进行商品交换的场所。广义上的市场是指为了买和卖某些商品而与其他厂商和个人相联系的一群厂商和个人。市场的规模即市场的大小，是购买者的人数。市场体系是由各类专业市场，如房地产市场、文化市场、旅游市场、商品服务市场、金融市场、劳务市场、技术市场、信息市场、服务市场等组成的完整体系。同时，在市场体系中的各专业市场均有其特殊功能，它们互相依存、互相制约，共同作用于社会经济。

（三）市场的分类

市场按照不同的分类标准可以分成不同类型。按购买者的身份和购买目的，可以分为生产者市场、消费者市场、中间商市场、政府市场。按市场竞争状况，可以分为完全竞争市场、垄断竞争市场、寡头垄断市场、完全垄断市场。按交易对象的最终用途，可以分为生产资料市场、生活资料市场。按交易对象的内容，可以分为商品市场、现货市场、期货市场。按交易对象的物质实体，可以分为有形产品市场、无形产品市场。

二、房地产市场

（一）一般解释

房地产市场是指那些从事土地与房产的出售、租赁、买卖以及抵押等交易活动的场所或领域。房地产既包括作为居民个人消费资料的住宅，也包括企事业单位作为生产资料的厂房、办公楼等。所以，住宅市场属于生活资料市场的一部分，非住宅市场则是生产要素市场的一部分。

房地产市场实质上是以房地产作为交易对象的流通市场，是房屋商品交换关系的总和。房地产市场流通的房产，有一定的房屋所有权和使用权。狭义的房产，是指已经脱离了房屋生产过程且属于地上物业的房屋建筑物财产。广义的房产，是指房屋建筑物与土地作为一个统一体而构成的财产，包含相应的土地使用权。

房地产市场也是生产要素市场的重要组成部分。由于土地是四大生产要素之一，因而从事土地买卖、租赁、抵押等活动的房地产市场，也是生产要素市场的重要组成部分。在中国，城市土地归国家所有，农村土地归集体所有，不允许永久出让土地所有权。通常情况下，房地产市场的交易活动是土地使用权的转让或者租赁。

（二）房地产市场的分类

房地产市场按照不同的标准有不同的分类。从房地产交易对象角度，房地产市场可以划分为住宅市场和非住宅市场两大类。其中，住宅市场是房地产市场的主体。依据住宅的档次可细分为豪华型商品住房、普通型商品住房、经济适用型住房和保障型住房四个具体的市场。而非住宅市场也可细分为办公住宅、商用住宅、厂房以及仓库等不同类型的市场。

从房地产组成要素角度，房地产市场可以分为以下几类：

1. 土地使用市场

土地使用市场是指在国家对城市土地使用权进行有偿出让后，那些获得土地使用权的单位或者企事业单位再做有偿转让的场所。

2. 房地产市场

房地产市场是指房产的转让、租赁、抵押等交易活动的场所，包括现房交易场所和期房交易场所两种。

3. 房地产劳务市场

房地产劳务市场是指为房屋住户或用户提供物业管理、房屋修缮、房屋加固、住房改造、危房鉴定、方案设计、房屋室内外装修、房屋附属建筑与设备的维护，以及提供房屋经纪活动等综合服务的市场。

4. 房地产金融市场

房地产金融市场是指通过银行等金融机构，用信贷、抵押贷款、住房储蓄及发行股票、债券、期票等工具进行融资，或者开发企业运用商品房预售方式进行融资的市场。

从房地产流通角度，房地产市场可以分为以下几类。

第一，房地产一级市场，又称土地一级市场，实际上是土地使用权出让的市场，国家通过其指定的政府部门，将城镇国有土地或农村集体土地征用为国有土地，之后出让给土地使用者的市场。土地一级市场目前由国家垄断。

第二，房地产二级市场，又称房地产增量市场。房地产二级市场是指生产者或者经营者把新建且初次使用的房屋销售给消费者，主要是消费者与生产者或经营者之间的交易市场。

第三，房地产三级市场，又称房地产存量市场。房地产三级市场是指那些已经购买房地产的单位或个人，再次将房地产租赁或转让的市场。也就是说，房地产再次进入流通领域进行再次交易所形成的市场，即所谓的"二手房"市场。

房地产二、三级市场是房地产一级市场的延伸与扩大，其交易量的增加和交易活动的频繁进行，起到了促进房地产市场繁荣的重要作用。

（三）房地产市场的主要作用

1. 能够促进房地产自身的良性发展

房地产市场通过价格机制，能够及时实现房地产商品的价值和使用价值，进而提高房地产业的经济效益，最终促进房地产资源的有效配置与房地产建设资金的良性循环。

2. 能够带动相关产业的快速发展

房地产市场是房地产业进行社会生产和再生产的基本条件，该市场可以带动钢铁、水泥、建筑业、交通、通信、劳动力等诸多产业的较快发展。

3. 能够改良居民的居住环境，提高居民的幸福指数

健康、合理的房地产市场能够引导居民消费结构的合理化，有利于改善居民的居住条件，从而提高居民的居住水平。

由此可见，房地产市场是房地产市场体系中最有代表性的市场，在整个房地产市场体系中处于主体地位，也是其最为重要的组成部分。

第二节 房地产市场管理的研究对象及其特征

一、房地产市场管理的研究对象

房地产市场管理学研究房地产市场这一特定领域内存在的特有的经济关系和经济规律，主要包括两个方面的内容。

其一是研究房地产市场中人与自然之间的物质交换活动，其中包含土地开发与房屋建

设的自然经济关系。人们进入房地产市场的所有索取都有一定的劳动消耗与物质消耗，必然存在相应的投入产出方面的经济效益问题。房地产市场管理也就需要尊重房地产市场中存在的人与自然之间的客观经济规律。这是做好房地产市场管理研究工作的前提。

其二是房地产市场中人与人之间的社会经济关系，比如土地所有权制度、土地使用权制度、房屋所有权制度、房屋使用权制度等。这是因为，无论什么社会抑或什么社会场合，人们进入房地产市场进行相关交易的直接目的都是要在经济方面有所收获，或是出售土地、房屋的使用权，或是获取土地、房屋的使用权，或是出售、获取房屋商品。这是做好房地产市场管理研究工作的重点。

二、房地产市场的主要特征

（一）差别性
由于人口数量、生态环境、文化教育、经济发展水平等众多因素的叠加影响，房地产市场在各个地区的供给与需求情况是不尽相同的，往往具有不同的市场特征，不同地区的房地产市场存在着一定的差异。

（二）区域性
局部房地产市场供给与需求往往只是明显影响本地区的房地产价格，因此，房地产市场的微观分层特性也较为明显。具体表现在，一个地区或城市土地的不同利用导致该地区或该城市的不同分区，而且不同分区内的房地产类型存在差异，甚至同一分区内的建筑档次也存在不同程度的差异。

（三）多样性
房地产市场上进行交易的商品，既包括样式不同、用途不同的建筑物，也包括与其相关的各种权利与义务的交易。另外，交易方式不仅有买卖和租赁，还有抵押、典当以及其他的让渡方式。

（四）双重性
房地产商品可以保值甚至增值，有着良好的抵御通货膨胀的能力，因而该商品既可以作为消费品，也可以用作投资品，具有消费与投资的双重属性。而且，房地产商品的投资属性还可伴随收入的提高获得进一步的拓展。

（五）不平衡性

房地产市场的供求关系经常会发生失衡。虽然价格机制和供求机制等市场机制会调整供求之间的非均衡状态，但众多市场因素的发展变化会不断打破原本的均衡状态。因此，房地产市场供求之间的不平衡性是长时期存在的，而其均衡状态始终是相对的、短暂的。

第三节 房地产市场的发展时期

对中国的房地产市场而言，1998 年是一个标志性的年份。在这一年，颁发《国务院关于进一步深化城镇住房制度改革加快住房建设的通知》，明确建立以经济适用住房为主的多层次城镇住房供应体系，从此政府开始逐步停止福利分房，实行住房分配货币化改革。自 1998 年以来，中国房地产进入快速发展阶段，并且保持了长期的繁荣。

然而，1998 年以来中国房地产的繁荣发展不是一个孤立事件，而是在前期多年制度变迁的基础之上，在国内经济政策、国际经济环境带动之下实现的一种产业经济局面。推动这一局面形成的，既有确定或者说必然的因素，也有不确定或者说偶然的因素，要对其成因进行深入分析，就有必要对中国房地产业的整个发展历程进行全景回顾与扫描。

一、中国房地产发展历程

整体而言，可以将改革开放以来中国房地产的发展划分为两个阶段：培育期（1980—1997 年）、黄金时期（1998—2017 年）和新发展期（2018 年至今）。其中黄金时期又可进一步分为萌芽期（1998—2002 年）、黄金十年（2003—2013 年）、盘整期（2014—2017 年）。

（一）培育期（1980—1997 年）

在培育阶段，政府通过修改法律法规、地方改革试点，有意识地引导房地产从实物分配向市场化方向转变。1980 年，邓小平同志提出出售公房，调整租金，提倡个人建房买房的整体设想，为住房制度改革奠定基础。1982 年通过的《中华人民共和国宪法》中第十条规定：城市的土地属于国家所有。农村和城市郊区的土地，除由法律规定属于国家所有的以外，属于集体所有；宅基地和自留地、自留山，也属于集体所有。任何组织或者个人不得侵占、买卖、出租或者以其他形式非法转让土地。将城市土地明确为国家所有。

1987 年 12 月 1 日，深圳举行中华人民共和国成立后首例城市土地公开拍卖，开创我国城市国有土地有偿使用制度之先河，自此土地出让金成为地方政府预算外收入的主要来源。1988 年 4 月 12 日，中华人民共和国第七届全国人民代表大会第一次会议通过《中华人民共和国宪法修正案》，删除了不得出租土地的规定，改为土地的使用权可以依照法律的规定转让。1988 年 12 月 29 日，第七届全国人民代表大会常务委员会第五次会议修正了《中华人民共和国土地管理法》，明确了国有土地和集体所有的土地的使用权可以依法转让。国家依法实行国有土地有偿使用制度，并授权国务院针对土地使用权转让以及国有土地有偿使用的具体办法，可以另行颁布法令进行规定。

1990 年 5 月 19 日，国务院发布了《中华人民共和国城镇国有土地使用权出让和转让暂行条例》，以国务院令的形式规定了土地使用权出让、转让、出租、抵押、中止以及划拨等方面的相关事项。1992 年房改开始启动，住房公积金全面推行。之后全国各地相继制定各自的房改政策，主要为逐步提高房租、改价出售公有住房等，迈出住房制度市场化改革的关键一步，确定市场化改革方向。

1994 年 7 月 5 日，第八届全国人民代表大会常务委员会第八次会议通过了《中华人民共和国城市房地产管理法》，申明国家依法实行国有土地有偿、有期限使用制度，进一步完善了土地使用权的出让、划拨方面的规定，为房地产开发与交易创造条件。1994 年，我国开始实施分税制改革，土地财政日益成为地方政府的"第二财政"，在地方城市建设中发挥着重要作用。

（二）萌芽期（1998—2002 年）

在萌芽阶段，房地产业市场化改革加速，需求端居住需求大幅释放，供给端土地供应不足，供需矛盾开始显现。随着招拍挂政策出台，土地逐步走向市场化定价。

1998 年，颁发《国务院关于进一步深化城镇住房制度改革加快住房建设的通知》，明确建立以经济适用住房为主的多层次城镇住房供应体系，提出经济适用住房主要以城镇中低收入家庭为供应对象，新建经济适用住房实行政府指导价，利润控制在 3% 以下。明确自 1998 年下半年开始停止住房实物分配，逐步实行住房分配货币化。2000 年福利分房彻底停止，住房需求大幅增加，并且以居住需求为主，投资、投机需求尚未得到释放。然而，土地供给制度未能充分保障经济适用房用地所需，导致市场供不应求。2002 年国土资源部签发《招标拍卖挂牌出让国有土地使用权规定》，明确国有土地出让"招、拍、挂"的三种形式，土地资源的价值被挖掘，开始逐步走向市场化。同时，房企开始快速开拓市场，实现资本积累，为房地产市场的深入发展奠定基础。

在这一阶段，计划分配、按需分房逐渐退出历史舞台，住房制度改革开启，国家开始探索房地产的市场化方向：允许商品房买卖，住房需求开始市场化；明确土地有偿使用制度，但土地价值还未真正走向市场化。

（三）黄金十年（2003—2013年）

2003年对中国的房地产市场而言是一个承前启后的年份，2003年8月，颁布《国务院关于促进房地产市场持续健康发展的通知》，将房地产确认为国民经济的支柱产业，同年国务院颁布其他的通知，明确提出"十一五"时期重点发展普通商品住房，房地产市场定位由以经济适用住房为主转变为普通商品住房占主导地位。这一鼓励发展的信号加强了人们的购房预期，投资、投机需求被激发出来，房地产投资剧增。2003年以来，中国房地产市场与中国的城镇化进程相伴，共同进入高速发展阶段。

2004年3月18日，下发《国土资源部、监察部关于继续开展经营性土地使用权招标拍卖挂牌出让情况执法监察工作的通知》，要求在2004年8月31日前将历史遗留问题界定并处理完毕，2004年8月31日后，不得再以历史遗留问题为由采用协议方式出让经营性土地使用权。"8·31大限"过后，经营性土地协议出让成为历史，土地出让必须走"招、拍、挂"市场化程序，为房地产市场化扫清了障碍。2004年房价陡然升高，相比前几年呈现出结构性变化。

针对市场过热和房价上涨过快问题，2005年国务院颁布"国八条"，2006年又颁布"国六条"，试图通过宏观调控来稳定市场。然而，房地产市场依然量价齐升，2007年政府继续从金融、税收和土地等方面入手，央行在2007年6次加息、10次上调存款准备金率，达到14.5%，创历史新高。2008年受美国金融危机的冲击，房地产市场呈现量价齐跌的态势。为保持国民经济的发展，2009年国家采取宽松货币政策，房地产市场呈现回暖局面。政府不断探索宏观调控和市场配置的结合方式促进发展，2010年国务院出台"国十条"，首次利用"限购令"等手段有效打击投资、投机行为，房地产涨幅得到一定控制，但房价依然上涨。2011年继续出台"新国八条"、房产税等政策，限购城市多达46个，调控升级，成交量大幅下降，但房价仍在高位徘徊。2013年初政策热度有所减退，成交量大幅回升，房价居于高位，随后政府出台"新国五条"，重申限购限贷，一线城市政策加码。

在这一阶段，供需双方充分市场化，商品房成为住房供应主体，全面市场化发展。2001年中国加入WTO，中国经济增长进入快车道，外汇占款催生货币投放，房地产需求激增，投资、投机需求被激发。房地产成为支柱产业，投资快速增长，房价也大幅上涨，带来房地产市场发展的"黄金十年"。同时，房地产市场发展不均衡，在宏观调控与市场配置交互作用下呈现出周期波动特征。

（四）盘整期（2014—2017 年）

自 2014 年起中国制造的成本优势已不再明显，2014 年 8 月美国波士顿顾问公司（BCG）发布咨询报告《全球制造业的经济大挪移》，对全球出口总额排名前 25 的经济体进行比较，若以美国的制造成本为基准指数 100，中国的制造成本指数高达 96，制造成本为美国的 96%，比较优势已不复存在。造成中国制造成本大幅提高的原因主要有三个：一是薪资大幅提高，二是汇率不断攀升，三是能源成本上涨。

除了像华为这样极少数的企业在全球经济大循环的黄金十年中成功实现了转型升级外，更多的制造企业因成本抬升不得不向印度、越南等地区转移。"三驾马车"中的出口出现疲态，为保持经济增长，2015 年末，中央经济工作会议提出：2016 年是中国全面建成小康社会决胜阶段的开局之年，也是推进结构性改革的攻坚之年，在战略上要坚持稳中求进，把握好节奏和力度，在战术上要抓住关键点，抓好"去产能、去库存、去杠杆、降成本、补短板"这五大任务。

淡化房地产概念，却不得不再次启用房地产投资作为拉动经济增长的抓手，2016 年房价高涨后，又不得不重新实施房地产调控进行抑制，凡此种种均反映出中国经济结构的内在矛盾与困难，如何能够让房价在高位稳定整固，需要精准与巧妙的政策调控"艺术"。

2016 年底，中央经济工作会议首次提出 "房子是用来住的，不是用来炒的"，强调房地产市场的居住属性，遏制投机炒房行为。此后，各地陆续出台了一系列房地产调控政策，加强限购、限贷、限售等措施，稳定房地产市场。为了实现房地产市场的长期稳定发展，政府加快推进房地产长效机制建设，包括完善土地供应制度、发展住房租赁市场、推进房地产税立法等。这些政策措施旨在从供给和需求两端入手，调节房地产市场供求关系，对房地产进行盘整。

（五）新发展期（2018 年至今）

经过长期的高速扩张及盘整，房地产市场进入新发展阶段，面临着需求转变、市场分化等新情况。2022 年以来，各地继续坚持房住不炒的定位，因城施策优化房地产调控政策，如降低房贷利率、放松限购条件等，以促进房地产市场平稳健康发展，房地产市场已进入新发展阶段，未来从以数量扩张为主向以质量优化为主转变，要严控增量、优化存量、提高质量，加快构建房地产发展新模式。

在市场总体趋势上，2022 年以来，中国楼市整体从卖方市场转换为买方市场，供应大于需求成为主旋律。多年的房地产开发导致房屋保有量增加，库存去化压力较大，购房者在市场中拥有了更多的话语权和选择权。房价走势分化：不同城市的房价走势出现明显分化。一、二线核心城市的房价相对较为稳定，部分热点城市在政策调控和市场需求的双重作用下，房价甚至有所上涨；而三、四线城市及一些经济欠发达地区的房价面临一定的下行压力，库存积压问题依然存在。

在政策环境上，2022 年全国超 330 个省市（县）发布楼市宽松政策超千条，涉及优化限购、限贷、限售、调整公积金、限价、购房补贴，以及调整预售资金监管等方面。2023 年，在 "房住不炒" 基调下，供需两端政策继续优化，核心一、二线城市政策优化空间较大，如降低房贷利率、首付比例、税费等，以支持合理住房需求，促进市场平稳发展。除此之外，为解决新市民、青年人等群体的住房困难问题，政府大力推进保障性租赁住房建设，增加保障性租赁住房的供给量，这在一定程度上缓解了住房市场的供需矛盾，也为部分购房者提供了更多的选择，对稳定住房市场起到了积极作用。

综上所述，从中国房地产市场经历的几个发展阶段直观来看，自改革开放以来，房地产市场在政策定位上，从按需分房过渡到以经济适用住房为主体，进而再转向普通商品房占主导地位。房地产具有多重属性，从满足人们居住的消费品到满足人们保值增值的投资品，再到投机标的，房地产市场的发展具有不同于普通商品市场的特殊性。此外，房地产市场化改革也是市场供需两端的改革，住房制度改革（房改）促使住房需求端市场化，土地使用制度改革（土改）促使土地供给端市场化。

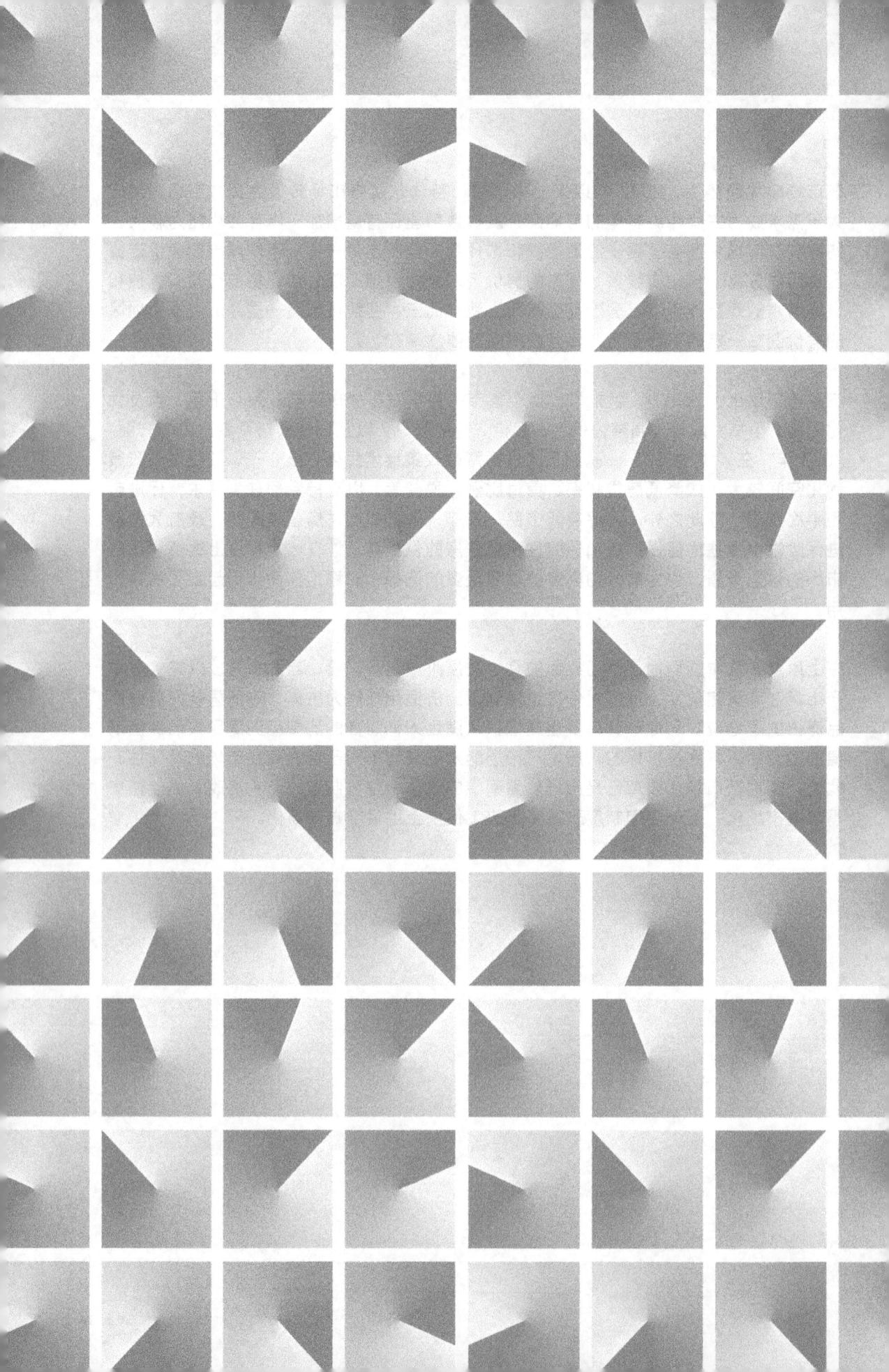

第二章
房地产市场发展的理论

在市场经济条件下，房地产价格主要由供给和需求共同决定。我国宏观调控政策对房地产市场影响非常大，但无论行政性的限购政策还是金融类的利率及信贷政策，都是通过作用于供给和需求产生作用。因此在房地产价格决定理论方面，主要有供给决定价格的成本决定论、需求决定价格的效用决定论以及供求共同决定价格的供求均衡论。主要从供给、需求和供求三个方面梳理理论并探讨三个理论在城市房地产领域的应用。

第一节 供给决定价格理论及应用

供给决定价格的理论主要有生产费用价值论和劳动价值论，这里简要地对这两个理论进行梳理，重点探讨成本决定价格理论在城市房地产领域的应用。

一、成本决定价格理论

（一）生产费用价值论

生产费用价值论可以追溯到英国古典经济学家亚当·斯密劳动价值论中的庸俗成分。斯密认为工资、利润和地租三种收入决定商品价值，同时这三种收入也是商品的生产费用，从而成为生产费用价值论的渊源。之后，资产阶级庸俗经济学家萨伊和马尔萨斯等人提出商品价值本身是由劳动、资本和土地共同产生，劳动、资本和土地决定了工资、利息和地租收入，工资、利息和地租共同决定商品的生产费用，商品的价值由劳动、资本和土地共同组成。商品的价值决定价格，价格与价值基本保持一致。

（二）劳动价值论

马克思将价值定义为凝结在商品中的无差别的人类劳动，凝结了人类无差别的抽象劳动。马克思以劳动价值论为基础，认为商品价值 $=C+V+M$，C 表示不变资本，V 表示可变资本，M 表示剩余价值。因此，从微观来看，企业商品的价值包括不变资本、可变资本和剩余价值三个部分；从中观来看，一个产业的价值也包括以上三个部分；从宏观来看，社会总产品的价值同样包括这三大部分。商品的价格以价值为基础，围绕价值变动。

二、成本决定价格理论在房地产领域中的应用

由供给决定价格理论可知，无论成本决定价值理论还是劳动决定价值理论，均认为商品的价格与价值成正比。而价值由生产商品的成本所决定。商品住宅价格是房产价格和地产价格的综合统一，也是住房商品价格和地租资本化的综合货币价格。由此，我

们从供给决定价格理论可以列出：住房价格 = 土地价格 + 房屋建筑物价格 =（生地价 + 土地开发成本）+（房屋建安成本 + 房屋销售成本）。

土地成本是住房成本的主要组成部分，包括生地价和土地开发成本，在达到三通一平或七通一平之前的费用都计算为土地成本。需要说明的是，生地土地成本包括土地出让金、拆迁或者征地费用、三通一平或者七通一平费用；熟地土地成本就是土地成交价，但是也包括以上三项费用。

房屋建安成本即建筑安装成本，是房屋建筑成本和房屋设施设备安装成本的简称，包括材料费、机械使用费、施工费、人工费及施工企业管理费及利润等。其中，前两项费用材料费和机械使用费在建安成本中占到 70% 左右，建安成本占房价比例一般在10% ~ 30%。相对于其他成本而言，建安成本是房价中相对稳定的部分，但是随着经济发展和物价上涨，建安成本也上升。值得一提的是，近年来随着人们对住房的需求从刚性需求向改善性需求转变，户外基础设施建设、教育医疗设施建设及环境绿化等户外配套设施越来越成为消费者重点考虑的购房因素，而这些户外配套设施大多数具有非营利性公共产品性质，不能通过盈利产生的经营收入弥补成本投入，因此这些开支往往也被计入建安成本，构成近年来住房建安成本的重要组成部分。

此外，房地产开发商所承担的税费和利润也是房地产价格的重要构成要素：房地产开发商税费主要有营业税、城市维护建设税和教育费附加税、土地增值税、房产税、城镇土地使用税、印花税、契税及企业所得税等。税费在房地产成本中所占比例同样较高，因此对房地产供给影响较大，也成为政府调控房地产市场的重要手段。此外，房地产供给成本还包括房地产开发商的利润，这也是房地产开发商劳动、资本和土地投入的价值所在。

以上土地成本、房屋建筑物成本和房地产商利润共同构成了房地产价格的基础，因而也是进行房地产价格分析的基础。

第二节 需求决定价格理论及应用

供给决定价格理论是从供给角度考察商品供给成本决定的商品价值和价格，应用到商品住房价格领域，就是从房地产开发商供给的商品住房成本角度分析商品住房价格，有一定的合理性。但是供给决定的住房价格忽视了需求的重要影响作用，因此有必要从需求角度也对商品住房价格进行考察，同时也有必要对需求决定价格理论及其在房地产领域的应用进行研究。

一、需求决定价格理论

需求决定价格理论典型的是效用价值论，效用价值论指的是商品满足人们的欲望的能力或者人们对商品的主观心理评价决定商品的价值，它是与供给决定价格的劳动价值论和生产费用价值论截然不同的理论。效用价值论分为一般效用论和边际效用论。

（一）一般效用论
一般效用论指的是商品效用决定商品价值，没有效用的物品也因此没有价值和价格，物品效用在于满足人们的需求。

（二）边际效用论
边际效用论指的是商品价值取决于边际效用，即商品满足人们最后的或者说是最小欲望的那一单位商品的效用。边际效用论从需求和消费者主观角度来说明商品价格的形成，认为所有物品价值均来源于人们对物品的主观心理评价，所有物品的价值均取决于人们的主观效用。主观效用决定商品价值，商品价值又决定了商品价格，从而商品边际效用大小决定了商品价格高低。在货币效用保持不变的背景下，商品边际效用与价值之间呈现正相关关系。商品边际效用越大，价值越高，价格也相应越高，反之价值相应越低。边际效用论认为商品价格是商品边际效用和货币边际效用之比。

二、需求决定价格理论在房地产领域中的应用

无论一般效用论还是边际效用论，都强调消费者主观感知对商品价值和价格的决定作用。房地产除了一般商品特征之外，还具有投资投机性作用，主观感知对价格的决定作用更能得以体现，主要体现在偏好和预期对房地产价格的重要影响。

一方面，偏好对房地产价格影响较大。受社会经济条件、工作地点及其对房地产地理位置和户型面积等具体特征的偏好的影响，消费者对不同房地产愿意支付的价格具有差异性。如一线城市及热点二线城市集中了全国最优质的教育、医疗及政治文化资源优势，使得大量人口集中于这些城市，对这些城市的房地产产生了巨大需求；在城市内部，不同区域地理位置、教育医疗条件又具有较大差异，消费者对城市内部的热门区域又更具有偏好：因消费者对这些优势资源的偏好，导致不同区域房价差别巨大。

另一方面，预期同样影响甚至主导着房地产价格。房地产市场是投资投机性较强的市

场，因此预期对房地产价格影响很大，作为房地产市场需求者的消费者，房地产效用及房地产投资的效用取决于心理预期消费者购置房地产时复杂的心理，对未来房地产价格具有重要影响：由于未来的不确定性以及为了降低行为风险，消费者往往根据房地产市场现状及经济社会现状对未来进行预期。而房地产市场消费者更是如此，因为房地产为耐用品，价值高且波动性较大，购房者购房行为更容易受到预期的影响。当购房者预期未来房价上升，房地产需求和价格将会上升；当购房者预期未来房价下降，房地产需求和价格将会下降。房地产预期往往容易受到当前房地产市场形势的影响，这就是房地产市场"买涨不买跌"状况形成的原因。由此可见，房地产需求和价格受预期的影响非常大。

第三节 供求均衡决定房地产价格理论及应用

供给决定价格理论从房地产成本费用角度分析房地产价格，而需求决定价格理论则从消费者效用角度分析房地产价格。二者对房地产价格的形成均有较强的说服力，但是也都有较大的缺陷。这是因为二者都是片面的，供给决定价格理论忽视了需求的重要作用，而需求决定价格理论忽视了供给的重要作用。越来越多的理论认为房地产价格并不是只受一方面的影响，而是受到供求两方面的共同影响。

一、供求均衡理论

著名经济学家马歇尔在1890年的《经济学原理》中指出，商品的价值由供求状况决定，供求均衡点的价格则是商品价格，这便是马歇尔提出的价格均衡论。供求均衡论就是在供给和需求的共同作用下供求达到均衡状态，均衡点的产量就是均衡产量，均衡点的价格就是均衡价格。马歇尔对前期生产费用论和边际效用论进行了修正，但是同时价格均衡论也是在前两个理论的基础上发展起来的。生产费用论有效解释了供给变动，边际效用有效论解释了需求变动，构成了需求表。边际生产费用递减规律引起了供给量变动，边际效用递减规律引起了需求量变动，构成了需求表。供给量和需求量变动达到均衡的状况，即供求价格均衡。

二、供求均衡理论在房地产领域中的应用

在市场经济作用下，供求均衡理论可以用到几乎所有的商品市场中，房地产市场也不例外。一般情况下，在其他因素不变的条件下，房地产需求量与价格成反比，供给量与价格成正比，即价格下降引起需求量的上升和供给量的下降。因此，在消费者预期

及偏好不变、家庭收入等其他各种因素不变的前提下，房地产市场需求曲线向右下方倾斜，供给曲线向右上方倾斜。但是，前面我们说过房地产市场不仅具有一般商品市场的特征，而且具有投资投机性特征，所以在投资投机性需求旺盛的时候，往往又会出现需求随着价格上升而不断上升的情况，这时候用一般供求均衡理论无法解释短期房地产市场的均衡价格情况。这时候虽然一般供求均衡理论在投资投机性较强的房地产市场中无法应用，但是从长期来看，房价上升之后居民的需求还是会下降，同时房地产市场供给会增加，供求共同作用会导致均衡价格下降，因此在长期，供求均衡理论同样适用。

第三章
房地产开发与投资

第一节 城市开发与房地产综合开发

一、城市开发

（一）城市的定义

城市是一个以人为主体，以自然环境为依托，以经济活动为基础，具有广泛社会联系而形成的综合体，是与乡村有区别的相对永久性的大型聚落。就其性质来看，具有以下三个方面的特征。

1. 空间集聚性

每一座城市都有其确定的地域范围，在这一定的区域内高度集中了大量人口、物质能量和各类活动，这一点与乡村的分散性、稀疏性是截然不同的，两者是一种"点"与"面"的差别。

2. 规模经济性

城市是商品经济发展到一定阶段的必然产物，城市由小变大的过程也是非农业人口和非农业经济活动不断集聚的直接结果。因此，城市首先应该是一个经济实体，城市经济的发展是促使城市发展的决定性因素，没有经济的发展，城市发展就失去了动力。

3. 社会复杂性

城市作为一种特定的生产关系的载体，决定了城市具有不同于乡村的社会结构，包括城市的产业结构、消费结构、政治结构、家庭结构、人口结构等，这些社会结构又从根本上决定了城市复杂的社会关系形式。但是，城市作为一个在统一的社会生活方式和精神思维方式下构成的与农村不同的整体性的社会群体。因此，我们将城市定义概括为，城市是历史上形成的，以非农业活动为主体，人口、经济、政治、文化高度集聚的社会物质系统。

（二）城市的功能

城市功能是指一个城市在一个国家或者地区的社会经济生活中所担负的任务和发挥的作用。城市的功能定位往往是一座城市在一定时期内建设总方针的综合体现，也是实施城市各项建设的一个指导性方向。

一般来说，城市的功能可分为主要功能和辅助功能。主要功能是指城市所承担的最主要的必备的功能。它的构成必须具备两个条件：一是具有对城市以外地区产生较大影响、发挥较大作用的经济部门；二是具有在该城市的发展中起着支配作用的经济部门。

我国东北地区不少城市如沈阳、鞍山、本溪、大庆等，都是我国重要的工业基地，对全国都有很大的影响，其主要功能体现在工业方面。城市的辅助功能是指满足一个城市生产和生活需要所必备的功能，如城市的商业零售业、饮食业、公用事业、食品加工业、服务业等。主要功能往往反映出城市的特征，体现了城市的特性，并决定着辅助功能，而辅助功能的发挥对主要功能也会产生重大影响。

研究城市的功能时要着重研究城市主要功能。城市的主要功能一般可分为经济功能、社会功能、经济和社会复合功能。以经济功能为主的城市往往表现为工业中心、金融中心、商业中心等，以社会功能为主的城市往往表现为行政中心、教育文化中心等，更多的城市，尤其是一些特大城市、大城市往往表现出较强的经济和社会复合功能。

一个城市的功能定位，在较长的时间内会对城市建设产生较大的影响。然而，一个城市的功能定位也不是一成不变的，随着国家与地区经济发展战略的不断调整，城市的功能定位也可能发生相应的变化，从而引起城市产业结构的变动与调整。这就意味着城市建设的方向与重点也会有所变化，房地产业也会从中受到较大影响，如上海市随着由工业中心城市转向国际经济、金融、贸易等中心城市的战略实施，城市建设的速度突飞猛进，产业的空间分布格局也发生重大变化，给房地产开发带来了前所未有的机遇。

（三）城市开发与建设

城市是人类社会发展到一定阶段的产物，也是人类改造大自然的重要成就。近现代很多大城市，由于人口与经济的高度集中，造成了城市布局混乱、功能不全、居住环境污染严重、交通拥挤等"城市病"，制约了城市社会经济的进一步发展。这一问题使得人们开始重视城市的开发与建设。

城市拥有很多资源，如土地资源、市场资源、信息资源、文化资源、服务资源等。从广义上来说，城市开发就是要将这些资源进行合理的开发与利用来为城市经济的发展发挥最有效的作用，城市开发的过程要靠城市建设来实现，也就是说需要通过制定科学的规划，分期分批地安排实施各个建设项目（如经济发展、住宅建设、交通电信、市政公用、科技文化、园林绿化等），为完善城市的功能，提高城市的经济、社会和环境综合效益创造良好的条件。

对于城市这样一个具有集聚效益的空间地域系统，土地是其发展的最基础、最宝贵、最短缺的资源之一。因此，城市开发的出发点在于对城市土地的开发，即对土地使用的合理规划与高效利用，使土地级差发挥最大的作用，从而也使城市的各种资源获得最大的空间组合优势。

城市建设的重点在于城市的房地产开发建设，因为房地产开发为城市提供了大量有形的建筑产品，为城市的发展提供了最基本的生产与生活资料，是一种先导产业。同时，房地产开发也创造了城市人工景观的主体部分，影响到一个城市的面貌，反映了一个城市社会、经济、文化发展的水平。

城市开发与建设是非常庞大、复杂的系统工程，是一个时间与空间的概念，它的内涵与外延要比房地产开发深刻得多、广泛得多。前者可以包含后者，但后者不能代替前者。但是，房地产开发是城市开发与建设的主要形式，两者之间相互依存、相互促进。房地产开发可以为城市开发创造良好的硬环境，城市开发的广度与深度也会提供给房地产开发很多机会，并影响房地产开发的发展后劲。

二、房地产综合开发

（一）房地产综合开发的含义

房地产综合开发，简称房地产开发，是房地产业中最基本、最主要的经济活动内容。简要地说，房地产综合开发是一种使土地开发和房屋建设相结合的生产经营活动。具体地说，是指房地产开发经营企业根据城市规划的要求，按照"全面规划、合理布局、综合开发、配套建设"的方针，进行土地开发和房屋建设及相应的房地产营销与物业管理，以取得良好的经济效益、社会效益和环境效益为目的的综合性生产经营活动。

房地产综合开发作为房地产业中最基本、最主要的物质生产活动具有自身的特点。主要体现在房地产开发活动的综合性、开发周期的长期性、开发过程的时序性、开发经营的高风险性和强地域性。其中，综合性是最本质的特点，集中表现在"综合开发、配套建设"的要求上。也就是说在开发过程中，不仅仅是对建筑地块或房屋建筑进行有目的的建设，而且要对被开发地区的一些必要的公用设施、公共建筑进行统一规划、协调建设。尤其是住宅开发，更要以人为本，以综合的思想来对居住用房、服务用房、文教卫生、福利娱乐等用房实行配套建设，并且注意生态环境的营造。缺乏"综合性"与"配套性"的开发活动不符合现代城市建设要求，随着时代的变化也很容易过时、落伍，相应的房地产产品也会遭受原价值的巨大贬损。房地产综合开发集中体现了其综合性的特征。

（二）房地产综合开发的分类

房地产综合开发的形式多种多样，从不同的角度可以划分出不同的类型。

1. 按开发区域的性质划分

根据被开发区域的性质可以将房地产开发分为新区开发和旧区再开发两种形式。新区开发主要是通过对城市郊区的农地和荒地的改造，使之变成建设用地，并进行一系列的房屋、道路、公用设施等方面的建造和铺设，使之变成新的城区。建设卫星城就是一种大规模建设新区的形式。新区开发的主要特点是从"生地"开始，严格按照城市规划和开发区的各项功能进行建设。旧区再开发也被称为旧区改造，主要是对建成区某些区段的建筑和各项配套设施进行拆迁改造或重新建设，具有改变或扩大原有建筑地段的使用性质和功能的特点。在城市旧区中应遵循加强维护、合理利用、调整布局、逐步改善的原则，要统一规划、分期实施。旧区改造在城市建设中具有重要的意义，一方面可以通过改造改变以往旧城区人口过密、交通紧张、房屋陈旧、设施落后、环境质量恶劣的弊病；另一方面，也可以调整城市的用地，节约土地资源，提高土地效益，增强城市活力。目前，旧区改造是国内许多大中城市房地产开发的主要形式。

2. 按开发的规模划分

根据房地产开发的规模划分可以有两种形式，即单项开发和成片开发。单项开发是指开发规模小、占地少、功能比较单一的项目，往往表现为分散建造的一些单项工程或单位工程。成片开发范围较大、占地多、功能全，无论在新区开发还是旧区改造中往往表现为成街坊成片地建造多个工程项目，实施多种配套，是一种投资额高、建设周期长的综合性开发。

3. 按开发的对象划分

按照房地产开发的对象可以划分为土地开发、房屋开发和综合开发三种形式。土地开发是指土地开发企业在获得土地使用权以后，通过征地、拆迁、安置等，将土地开发成具有"七通一平"条件（供水、排水、供电、供热、供气、电信、道路畅通、场地平整）的建房基地，然后通过招标、拍卖、挂牌出让的方式，将其使用权转让给其他房地产开发企业进行房屋建设的一种开发经营方式。

房屋开发即指房地产开发企业以一定的方式获得地块的使用权后，按照规划要求，建造各类房地产商品，如住宅、办公楼、商业用房、娱乐用房等，并以出售或出租手段将这些房地产商品推入市场的一种开发经营方式。

综合开发即指将土地开发以及房屋和有关的市政、公建配套设施结合起来进行建设的开发方式。这种开发方式往往是由一个开发企业负责从投资决策到土地使用权的获取，从基地的建设、房屋以及小区内市政、公建配套设施的建造，直到房屋的租售和管理全过程的实施。这种开发方式也是目前我国绝大多数房地产开发企业采取的一种开发方式。

（三）房地产综合开发的作用

改革开放以来，房地产综合开发在城市建设中发挥了重要作用，尤其是从近些年城市房地产综合开发的实践方面考察，综合开发相对于以前分散建设来说具有不可比拟的优越性。房地产综合开发的作用主要体现在以下几个方面：

1. 实现城市规划，迅速改变城市面貌

20 世纪 80 年代以前，我国的城市建设和房地产建设都有着沉痛的教训，"规划不周、自成体系、分散建设"等造成了城市布局混乱、用地结构不合理、城市功能不完善、城市居住环境恶劣、城市景观单一陈旧等弊病。改革开放以后，城市规划工作得到重视，房地产综合开发成为实现城市规划的最重要、最直接的方式。房地产综合开发按照"全面规划、合理布局、综合开发、配套建设"的方针，把城市建设中的各个环节和组织有机地衔接起来，使规划与建设紧密地结合起来，保证城市规划全面实现。房地产综合开发可以使城市的新区开发与旧区改造在全面规划的基础上进行，有助于建成布局合理、功能完善的新型城市。规划设计是房地产综合开发中的重要一环，合理、科学的规划设计有助于创建优良的生活和工作环境，有利于形成城市独具特色的建筑景观，从而使城市面貌发生日新月异的变化。

2. 促进城市现代化建设，建立城市综合配套的生产和生活环境

房地产综合开发在强调"综合"的同时也特别强调"配套"，这一点在以前的房地产建设中是极不受重视的。所谓的"配套"是指在进行土地、房屋开发的同时要进行城市基础设施和公用事业的建设与完善，让城市的能源、交通、道路、给排水、通信、环卫、园林，以及各种生活服务、文化教育、医疗卫生、体育娱乐等设施，适应城市规模的扩展和经济文化事业的发展，以及城市人口增长的客观需要。从实践来看，许多城市通过房地产综合开发，在城市中形成了具有明显特征的综合功能区，如将居住、办公、文化、社交，或将购物、旅游、休闲等有机地组合在一定的用地范围内，辅之以必要的基础设施和公用设施，为单位和居民提供良好的工作、生活环境和较完善的社会服务系统，甚至一组紧凑的建筑群或是一座巨型的大厦就可以通过高度自动化的运载、通信、安保等智能化设施，在地下、地面及高空这样一个三维空间高度集中某些城市功能，适应现代城市生活的快节奏。因此房地产的综合开发能够促进城市现代化建设。

3. 确立城市的可持续发展的科学发展路径，发挥城市的潜能

房地产综合开发为城市的可持续发展奠定了重要基础。从城市发展所需要的物质基础来看，房地产综合开发为城市提供了大量用于生产、生活、教育、文化等各项社会经济活动的房屋，尤其是通过住宅开发与建设，提高了城市居民的居住水平，改善了居住环境；从城市土地资源的利用来看，房地产综合开发促进了城市用地结构的调整，提高了土地利用效率，并通过开发土地的有偿出让，获得了城市建设的资金；房地产综合开发带动了一大批相关产业的发展，增加了城市就业机会，改变了劳动力的产业结构，对城市经济结构的进一步调整和完善起到了很大的促进作用；房地产综合开发加速了城市旧区改造，带动了城市基础设施的改进与完善，优化了城市的功能布局，在很大程度上改善了城市的投资环境，使之不断地产生集聚效应。可见，坚持房地产综合开发，可以取得良好的社会、经济和环境效益，有利于保持和利用城市这一经济增长极的空间优势，使城市具有持久的生命力。

（四）我国房地产综合开发的发展阶段分析
我国的城市房地产综合开发的发展经历了四个阶段。

第一阶段，是城市房地产的"统建"阶段。中华人民共和国成立以后，城市房地产实行的是"统一规划、统一投资、统一设计、统一施工、统一分配、统一管理"体制。房屋建设的方法是把国家、地方投资结合在一起，实行局部统建和组织企业集资统建。

第二阶段，是从"统建"到综合开发的过渡阶段，"统建"开始向"综合开发"转化。实行综合开发和征收土地使用费的政策，是用经济办法管理城市建设的一项重要改革，它有利于按照城市规划配套地进行建设，节约用地，充分发挥投资效果；有利于控制大城市规模，鼓励建设单位到小城市去；有利于合理解决城市建设和维护资金的来源。新建小城市、卫星城，现有城市新建区、段和旧城成片改造区，都应考虑组织开发企业，实行综合开发。开发内容包括开发区的勘察、规划、设计、征地、拆迁、安置、土地平整和所需道路的给水、排水、供电、供气、供热、通信等工程建设。有条件的地方还可以包括住宅、生活、服务设施、公共建筑、通用厂房等。建成后成套出售建筑物，并按土地面积和设施水平向使用单位收取开发费。开发公司实行企业化经营。开发基金，即开发企业的周转资金，可以从国家和地方基本建设投资中预拨，或由建设银行贷款，也可以向用户预收定金。开发所需统配材料、设备应列入国家和地方物资分配计划，能够在市场采购的就在市场选购。这是若干年来指导我国房地产综合开发工作的基本依据。

第三阶段，是以建筑业体制改革为契机的迅速发展阶段。要着手组建多种形式的工程承包公司和综合开发公司，城市住宅区、新建工矿区及其公共设施工程的建设，由开发公司承包，按照城镇总体规划，统一办理土地征用事宜，进行设计和配套建设，要保证承包企业的法人地位并给予必要的自主权，上级行政部门不得干预其正常经济活动，同时要加强质量和财务监督。这就给综合开发以强大的推动力，使综合开发蓬勃地发展起来。

第四阶段，是以建立社会主义市场经济体制为标志。房地产开发逐渐纳入市场化的轨道中，土地征用、出让越来越多地采取招标、拍卖办法，资金来源日益多样化，民营房地产企业在房地产开发中的地位日益增强。全国房地产开发规模呈加速递增态势，城市建设出现了前所未有的发展。

三、房地产综合开发的指导原则和主要任务

（一）房地产综合开发的指导原则

由于房地产综合开发是一项系统性的工程，涉及多种领域的协调关系，因此要遵循一定的原则，统一协调土地、规划、交通、行政管理等方面的关系。具体来看，房地产综合开发必须遵循以下几项原则：

1. 与政府产业政策的协调性

房地产综合开发是一项基本的物质生产活动，房地产业是国民经济中具有基础性、先导性的部门并具有支柱产业特征，其发展速度、发展规模和结构必须与国家或地区的国民经济与社会发展计划相适应，否则会给社会、经济发展带来不良影响，反过来看，政府的产业政策确定了鼓励的产业、放任的产业、限制的产业以及禁止的产业的类别，当企业进入政府鼓励的产业时，可以获得优惠政策的支持，如贷款、征地等，当企业进入限制的产业时，会受到相当严格的审查，同时也没有什么优惠政策。如果房地产开发偏离了国家或地区的产业政策，这些政策会对房地产开发造成重大的限制，而房地产开发投资一旦开始很难在短期内调整。因此，政策限制会影响房地产企业获得的收益水平，或者提高房地产开发投资的相关成本，减少房地产企业的利润。

2. 与城市规划的统一性

城市规划对房地产开发有着重要的约束作用，是政府重要的宏观调控手段。但是，在市场经济条件下，城市规划也不断地受到市场主体局部利益的冲击，在房地产综合开发中要强调城市规划的权威性，坚持和强化"全面规划、合理布局、综合开发、配套建设"的方针，促进经济效益、社会效益和环境效益的协调发展。

3. 房地产综合开发投资结构的合理性

合理的房地产开发投资结构是取得良好效益的前提。住宅业已经成为当前国民经济新的增长点，政府采取了一系列措施来鼓励和扶持房地产开发企业进行住宅开发和建设。住宅在今后的房地产投资结构中仍将占主导地位。房地产综合开发要及时把握并发重点。

4. 房地产综合开发的科学发展机制

在房地产综合开发中确立可持续发展的科学发展机制有着重大意义，主要体现在开发用地和规划设计上。房地产开发投资在今后仍将保持一定的规模和增长速度，对于土地仍将有很大的需求。因此在开发中必须做到项目与用地相结合，加强土地供给的规划与管理，坚持节约用地、合理用地，才可以为房地产开发的可持续发展提供有利的资源条件。开发项目的规划设计也要体现可持续发展的思想，尤其是住宅的规划设计，要贯彻"以人为本"的设计思想，优化生态环境，发展生态建筑，达到居住区可持续发展的目标。

（二）房地产综合开发的主要任务

综合开发的任务是合理确定综合开发规模、开发区的数量和布局，统筹安排开发区的市政、公用设施和各类房屋的建设，处理好新区开发和旧城改造的关系，同时，要有计划地提高城市建设中综合开发的比例，新区建设和旧城改造均应以综合开发方式为主，实行统一征地拆迁、统一规划、统一建设、统一管理，做到工业建筑与民用建筑，房屋与市政公用及电力、通信、文教、卫生、服务等设施配套建设，开发一片，建成一片，收益一片。具体来看，房地产综合开发的主要任务包括以下三个方面：

第一，房地产综合开发要为城市建设服务。房地产综合开发通过确定合理的开发规模和布局，并统筹安排开发区域内的市政、公用设施和各类房屋的建设来参与和推动城市建设，尤其是在城市的新区开发和旧区改造方面，通过综合开发，建成一片，收益一片，构成城市有机整体的一部分。

第二，房地产综合开发要为城市居民提供良好的生产、工作和生活条件。房地产综合开发是物质生产，其根本任务是为城市的经济社会发展提供物质基础。现代城市的房地产综合开发从一个更新的视角来看待城市环境的塑造，要通过先进的建造技术和科学的设计思路，为人们创造便利、舒适的工作条件及优美、宜人的生活环境。

第三，房地产综合开发要依据市场原则从事开发经营活动。房地产综合开发是企业根据市场环境变化，向市场提供适应消费者需求的产品和服务的行为，因而必须根据市场条件进行相关开发投资决策。同时，在房地产综合开发中，企业的市场行为要纳入"全面规划、合理布局、综合开发、配套建设"的框架中去，符合政府的相关要求。

第二节 房地产开发项目

一、房地产开发的主要程序

房地产开发是一项内容众多、头绪纷繁的工作，但是这项工作程序性较强，房地产开发商从酝酿投资意向开始到项目建设竣工出售或出租并实施全寿命周期的物业管理，其间均须遵循、符合一定开发规律的基本运作程序。总的来看，通常要经历下列八个步骤：投资意向酝酿及机会寻找、投资机会的不断筛选、项目可行性研究、获取土地使用权、规划设计与方案报批、签署有关合作协议、施工建设与竣工验收、市场营销与物业管理。也可以整合为五个大的阶段，即投资决策分析阶段、前期工作阶段、项目建设阶段、房屋租售阶段和物业管理阶段，每一个阶段的工作都有不同的内容。

（一）投资决策分析阶段

投资决策分析是整个开发过程中最为基本、最为关键的一项工作，其目的就是通过一系列的调查研究和分析，为开发企业选择一个最佳的、可行的项目开发方案或为舍弃项目提供依据。这一阶段主要的工作内容是项目选择和项目可行性研究。

项目选择是指开发商根据各个渠道获得的多种信息，形成一个开发项目的初步设想，包括项目的选址、筹资、配套建设；然后根据这一设想，进一步做市场综合分析，并与城市规划部门、土地管理部门及其他的建筑商、投资商进行接触，使项目设想具体化。

项目可行性研究即在项目选择之后，对该项目做更进一步的分析，主要包括市场分析、项目的财务评价及经济社会评价等。这里的市场分析是指一系列与项目类型有关的专项调查研究，这也是影响项目成败的关键之处。通过项目可行性研究，开发商能够对项目的预期收益状况进行估算，也可以初步掌握开发中的关键因素，从而做出开发或不开发的决定，或是在若干个开发方案中选择最合适的方案。因此，可行性研究是开发商进行投资决策的重要依据。

（二）前期工作阶段

前期工作阶段是指在投资决策后到正式施工之前的一段时间，这一时间内要完成的主要工作是获取土地使用权、资金融通及完成项目的规划设计。获取土地使用权有多种途径，如出让、转让等，获得土地使用权的方式也有协议、招标、拍卖、挂牌等几种，开发商应从项目的需要和自身的条件出发，决定获取土地使用权的方式，并在获得土地使用权后尽快完成土地开发工作，为下一步的正式施工做好准备。资金融通是保证开发活动顺利进行的重要条件，当做出进行项目开发的决策以后，开发商应尽快实施筹资计划，通过一些合理有效的筹资方式落实资金，为下一步的各环节提供"血液"。

规划设计是开发建设所遵守的依据和准则，一个开发项目的规划设计应当做到既能合理安排用地，又能满足功能需要；既要保证一定的经济、社会及生态效益，又要符合规划要求，尤其是一些特殊性的规划指标，如容积率、建筑密度、人口密度等。规划设计这项工作若做得好，往往能使项目在市场上占优势，获得较高的效益，并进一步带动下一轮的开发。

具体地说，前期工作主要包括：a. 获得土地使用权；b. 实施筹资计划；c. 规划方案的扩初设计；d. 获得规划及配套部门的许可；e. 征地、拆迁、安置、补偿；f. 施工现场的"三通一平"或"七通一平"；g. 估算工程量和开发成本；h. 与建筑商初步洽谈承发包事宜。

（三）项目建设阶段

项目的建设阶段是将开发过程中涉及的人力、材料、机械设备、资金等资源聚集在一个特定的空间与时点上，将项目建设计划正式付诸实施的活动。这一阶段的主要工作内容包括落实承发包、施工组织、建设监理、市政和公建配套、竣工验收。

由于一个开发项目往往涉及多个工程，包括主体建筑、配套工程、基础设施等，只有确保各个工程互相协调建设，才能使工程按计划、保质保量地完成。因此，开发商应通过招标的办法择优选取若干个不同性质的承包商，以签订正式承包合同形式来确保工程施工计划的顺利实施。

项目的监理是这一阶段的关键工作内容之一。因为在施工过程中，进度的快慢、质量的稳定与否、投资成本的增减等仍然存在着较大的可变性或不确定性，开发商需要聘用专业的监理人员，对施工过程中的进度、质量、成本进行严格的控制，并随时了解工程进展情况，及时解决出现的一些问题。

竣工验收工作是全面考核建设成果的最终环节，是由开发商组织设计部门、建设单位、使用者、质量监督部门及其他相关的管理部门，按照被批准的设计文件所规定的内容和国家规定的验收标准来进行综合检查。经验收合格的工程即可办理交付使用手续，投入使用管理。

（四）房屋租售阶段

开发一个项目的最终目的是通过房屋租售使房屋的使用价值和价值得到实现。尽管开发商在前期工作阶段和项目建设阶段可以预售一部分，但大多数房屋是在竣工后进入市场的。因此，当项目竣工验收后，开发商的主要工作就是采取有效的销售经营手段，促进房屋的租售，以尽快回收资金，获取利润。建成房屋是租是售，一般根据开发商的经营目标、自身的实力、市场情况以及未来的变化综合考虑。

（五）物业管理阶段
物业管理的主要任务是保证入住者或使用者方便、安全地使用物业及相关配套设施，能为其提供一系列生活、生产服务，并通过维护、保养、修缮等工作来保证物业的使用寿命及价值。物业管理与入住者或使用者关系密切，因而对开发商的市场信誉有很大影响，往往是影响房地产开发商后续开发的重要影响因素。

二、房地产开发项目的可行性研究

（一）房地产可行性研究的含义
房地产开发项目的可行性研究是房地产开发项目投资决策的依据和首要环节，它是指在开发投资之前对拟开发的项目进行全面、系统的调查研究和分析，运用科学的技术评价方法，对拟建项目进行论证，以最终确定项目是否可行的一种综合研究方法。一般来说，可行性研究是以市场供求关系为立足点，以资源投入为限度，以科学方法为手段，以系列评价指标为结果的科学论证活动。通过可行性研究主要处理两方面的问题：一是技术的可行性；二是经济的合理性。对于房地产开发项目来说，重点考虑是否可以获得最佳的经济效益，并兼顾社会效益和环境效益。

（二）可行性研究的作用
可行性研究的作用主要表现在以下几个方面。

1. 项目投资决策的依据
以前我国在搞项目建设时忽视可行性研究，许多项目草率上马，结果造成经济效益低下，资源浪费严重。在房地产投资开发领域采用这一工作方法较晚一些。房地产综合开发是一项投资额大、建设周期长、风险高的活动，项目的开发建设不能只凭经验或感觉，必须要有可行性研究，揭示项目的预期收益、可能遇到的风险以及应当采取的对策等，为开发商决策提供参考依据。

2. 申请建设贷款的依据
银行等金融机构为了避免贷款风险，在决定是否给某个项目贷款时，都要对项目的可行性研究报告进行全面、细致的分析和评估。只有银行认为项目有较好的投资收益、有还款保证时才会同意贷款。

3. 作为编制下阶段规划设计的依据

在可行性研究报告中对项目的规模、地址、建筑规划方案、市政规划方案、主要设备选型、单项工程结构形式、配套设施和公用辅助设施的种类、建设速度等都进行了分析、证论，确定了原则，推荐了开发方案。一旦可行性报告被批准，即可作为规划设计的依据。

4. 作为开发商与有关部门鉴定协议或合同的依据

项目所需的建筑材料、协作条件以及供电、供水、供热、通信、交通等很多方面，都需要与有关部门协作。这些供应的协议、合同都需要根据可行性研究报告进行协商。有关技术引进和建筑设备进口必须在可行性研究报告审查批准后，才能据此同国外厂商正式签约。

（三）可行性研究的依据

①国家和地区经济建设的方针、政策和规划。
②批准的项目建议书和同等效力的文件。
③国家批准的城市总体规划、详细规划、交通等市政基础设施。
④自然、地理、气象、水文地质、经济、社会等资料。
⑤有关工程技术方面的标准、规范、指标、要求等资料。
⑥国家规定的经济参数和指标。
⑦开发项目备选方案的土地利用条件、规划设计条件，以及备选规划设计方案等。

（四）可行性研究的内容

每一个项目都有自己的特点，由于性质、规模和复杂程度不同，可行性研究的内容也不尽相同，各有侧重。一般来说，房地产开发项目的可行性研究包括以下主要内容。

1. 项目的背景与概况

①项目名称、建设单位。
②项目的地理位置，包括项目所在城市、区和街道，项目周围主要的建筑物等。
③项目所在地周围的环境状况，主要从工业、商业及相关行业发展现状、潜力，项目建设的时机和自然环境等方面说明项目建设的必要性和可行性。
④项目的性质及主要特点。
⑤项目开发建设的社会、经济意义。
⑥可行性研究工作的依据和范围。

2. 开发区现状调查及动迁安置

①土地调查，包括开发区各类土地面积及使用单位等。

②人口调查，包括开发区总人口数、总户数，需动迁的人口数、户数等。

③调查开发区内建筑物的种类，各种建筑物的数量及面积，需要拆迁的建筑物种类、数量和面积等。

④调查生产、经营企业以及个体经营者的经营范围、占地面积、建筑面积、营业面积、职工人数、年营业额、年利润额等。

⑤各种管线。主要应调查上水管线、雨水管线、污水管线、热力管线、电力、电信管线的现状，及规划方面和规划可能实现的时间。

⑥其他地上、地下物现状。开发区内地上物包括各种树木、植物等。地下物调查了解的内容包括水井、人防工程、各种管线工程等。开发区原状一般要附开发对象原状平面示意图，制定动迁计划。

⑦确定安置方案，包括需要安置的总人数和户数，需要安置的各类房屋套数及建筑面积，需要安置的劳动力人数等。

⑧动迁、安置、赔偿等费用估算。

3. 市场分析和建设规模

①市场供给现状分析与预测。

②市场需求现状分析与预测。

③销售价格分析，分析价格现状及发展趋势。

④服务对象分析，制定销售计划。

⑤拟建项目建设规模的确定。

4. 规划设计方案选择

①市政规划方案选择。市政规划方案的主要内容包括各种市政设施的布置、来源、去路和走向，公建项目重点要规划安排好交通的组织。

②项目构成及平面布置。

③建筑规划方案选择。建筑规划方案的内容主要包括各单项工程的占地面积、建筑面积、层数、层高、房间布置、各种房间的数量、建筑面积等，并附开发规划详图。

5. 资源供给

①建筑材料的需要量、采购方式和供应计划。

②施工力量的组织计划。

③项目施工期间的动力、水等供应。

④项目建成投入生产或使用后，水、电、热力、煤气、交通、通信等供应条件。

6. 环境影响和环境保护

①建设地区的环境现状。

②主要污染源和污染物。

③开发可能引起的生态变化。

④设计采用的环境保护标准。

⑤控制污染与生态变化的初步方案。

⑥环境保护投资估算。

⑦环境影响的评价结论和环境影响分析。

⑧存在问题及建议。

7. 项目开发组织机构、管理费用的研究

①开发项目的管理体制、机构设置。

②管理人员的配备方案。

③拟定人员培训规划，估算年管理费用支出情况。

8. 开发建设计划

①前期开发计划，包括项目立项、可行性研究、下达规划任务、征地拆迁、委托规划设计、取得开工许可证直至完成开工前准备等一系列工作计划。

②工程建设计划，包括各个单项工程的开、竣工时间，进度安排，市政工程的配套建设计划等。

③建设场地布置。

④施工队伍选择。

9. 项目经济及社会效益分析

①项目总投资估算，包括固定资产投资和流动资金量部分。

②项目投资来源、筹措方式的确定。

③开发成本的估算。

④销售成本、经营成本估算。

⑤销售收入、租金收入、经营收入和其他营业收入估算。

⑥财务经济分析，运用静态和动态分析方法计算项目投资回收期、净现值、内部收益率、投资利润率、借款偿还期等经济指标，对项目进行财务经济分析。

⑦国民经济评价。运用国民经济分析方法计算项目经济净现值、经济内部收益率等指标，对项目进行国民经济评价。

⑧风险分析，一方面采用盈亏平衡分析、敏感性分析、概率分析等定量分析方法进行风险分析；另一方面从政治、国家方针政策、经济发展周期、市场、自然等方面进

行定性风险分析。
⑨项目环境效益、社会效益及综合效益评价。

10. 结论和建议
①运用各项数据从技术、经济、财务等诸方面论述开发项目的可行性，并推荐最佳方案。
②存在的问题及相应的建议。

（五）开发项目的市场分析
市场分析是在掌握一定的市场调查资料后，对特定的开发类型、特定的开发地点进行市场需求关系的分析与预测。由于房地产投资开发具有与其他生产项目不同的特点，市场分析具有非常重要的意义。市场分析可以为投资决策提供基本的依据，尤其是当开发商对拟开发项目缺少相关经验，或市场不确定因素较多时，更应组织专业人员进行充分的市场研究。市场分析与研究的真实性、准确性对投资决策有很大影响，必须掌握市场分析的一般内容和主要方法。

项目的市场分析一般从三方面入手。首先是宏观因素的分析，主要考虑国家的总体经济发展状况和经济发展政策。其次是区域性因素的分析，主要对项目所在地区或城市的经济、社会特性做分析。区域经济是拟开发项目的直接经济环境，因此要切实把握好项目所在地区或城市的区域经济发展趋势。要对区域经济发展水平、经济发展战略、产业发展政策、人口规模及家庭结构等与地区性房地产市场关系密切的因素加以研究。再次是对与特定的项目类型和开发地点相关的微观因素的分析。不同的项目类型有不同的特性，住宅、办公楼、商业中心或厂房等所要求的环境条件都不同，因此要针对不同的开发类型重点研究有关交通、环境、人口规模、人口流动性、集聚效应以及其他基础设施方面的条件，同时要充分考虑同一投资区域内相同类型开发项目的供求情况和竞争情况。

高水准的市场分析结果建立在高质量的市场调查基础上，应充分搜寻市场信息资料。以前，开发商不重视项目的市场分析，近几年，随着盲目开发后果的显现，开发商已越来越重视市场研究对项目成功的关键作用，这成为可行性研究中的一个重要内容。

（六）可行性研究的步骤
1. 接受委托
在项目建议被批准之后，开发商即可委托专业的咨询评估公司对拟开发项目进行可行性研究。双方签订合同，明确规定可行性研究的工作范围、目标意图、进度安排、费用支付办法及协作方式等内容；研究单位接受委托后，应获得项目建议书和有关项目背景介绍资料，按照委托者的目的和要求，明确研究内容，制定计划，并收集有关的基础资料、基本参数、指标、规范、标准等基本数据。

2. 调查研究

调查研究主要从市场调查和资源调查两方面进行。要采取合理有效的方式或方法进行市场调查，查明和预测市场的供给和需求量、价格、竞争能力等，以便确定项目的经济规模和项目构成。资源调查包括建设地点、开发项目用地现状、交通运输条件、外围基础设施、环境保护、水文地质、气象等方面的调查，为下一步规划方案设计、技术经济分析提供准确的资料。

3. 方案选择和优化

根据项目建议书的要求，结合市场和资源调查，在收集到的资料和数据的基础上，形成若干个可供选择的开发方案，并对这些方案进行反复的论证和比较，会同委托单位明确方案选择的重大原则和优选标准，评选出合理的方案。研究论证项目在技术上的可行性，进一步明确项目规模、构成、开发进度。

4. 财务评价和国民经济评价

在估算项目投资、成本价格、收入等基础上，对经上述分析后所确定的最佳方案进行详细的财务评价和国民经济评价。研究论证项目在经济上的合理性和盈利能力，进一步提出资金筹措建议和项目实施总进度计划。

5. 编制可行性研究报告

经过上述分析和评价即可编制详细的可行性研究报告，推荐一个以上的可行性方案和实施计划，提出结论性意见、措施和建议，供决策者作为决策依据。

三、房地产开发项目的建设监理

（一）建设监理的含义

所谓建设监理，就是监理的执行者，依据建设行政法规和技术标准，综合采用法律、经济、行政和技术手段，对工程建设参与者的行为及其责、权、利进行必要的协调和约束，保障工程建设有序进行，达到工程建设的好、快、省和取得最大投资效益的目的。

建设监理是建设工程项目管理的简称，在国外称为工程咨询，是建设工程项目实施过程中的一种科学的管理方法。建设监理将建设过程项目的管理纳入社会化、法制化的轨道，做到高效、严格、科学、经济，目前已形成国际惯例。

（二）建设监理的层次

建设监理包含政府建设监理和社会建设监理两个层次。

政府建设监理，是指政府建设行政管理部门设置的专门的建设监理管理机构或指定的相应机构，对本地区、本部门的建设活动实施统一的监督管理，并对社会监理行为实行监督管理。

社会建设监理，是指符合规定条件而经批准成立、取得资格证书和营业执照的监理单位，受业主委托依照国家法律、法规、规范、批准的设计文件和合同条款，对工程项目建设活动所实施的监理。

政府监理是强制性的，是宏观的、纵向实施的；社会监理是委托性的，是微观的、横向实施的。我国建设监理制度的框架就是通过宏观和微观纵横交叉的双控模式共同完成对建设项目的监督管理和组织协调。业主、承包商和监理单位三方是以经济为纽带、以合同为根据进行制约的。

（三）实行建设监理的必要性

1. 实行建设监理制是提高我国建设管理水平的需要

过去，每个建设工程项目都要临时组建调集一批人员，他们多数缺乏工程管理经验，也难以密切配合，使得管理效率低下。而项目建成后原班人马解散，造成一部分人熟悉了项目管理业务却不能巩固，另一部分人又要重头学起的弊端，严重影响建设项目管理水平的提高，这就必须要建立专业化、社会化的队伍来代替原先的小生产管理方式。

2. 实行建设监理制是落实投资建设和投产经营责任的需要

以前建设项目的领导成员多是政府官员，不承担工程项目建设的经济责任，却代替了业主的投资建设管理权，使业主既不承担工程项目投资建设的责任，也不承担投产后经营效益的责任，这种体制给国家造成了巨大的损失。据有关方面统计，在"七五"期间建成的大中型建设项目中，不少项目不能形成固定资产；已形成固定资产的，有30% 形不成生产能力；形成生产能力的还有相当一部分达不到设计水平。因此，必须实施业主负责制，而业主负责制必须由建设监理制来保障。因为只有专业化的建设监理才能减少业主投资的盲目性，优化设计方案和施工单位；才能加强建设的组织协调，强化合同的管理监督；才能控制工程质量、工期和造价，提高投资建设效益。

3. 实行建设监理制是加强对工程合同监督的需要

项目施工的招投标是建筑市场管理体制改革的重要内容之一，实行工程建设施工招标发包制以后，原先的工程项目由所属部门、地区隶属的设计施工单位进行设计与施工的格局被打破，非隶属的设计施工单位也可以通过竞争的方式进入项目建设，由平等的经济合同关系普遍代替了行政隶属关系，用单纯的行政手段管理工程建设，已暴露出很大的局限性。加强合同管理和合同制约已成为市场经济条件下组织管理工程建设的基本手段，这就需要一个公正独立的第三方即社会监理单位来管理工程合同。

4. 实行建设监理制是充分发挥法律、经济、行政和技术手段对工程建设进行协调约束

随着投资包干制、工程建设招投标承发包制和施工企业经营责任制等改革措施的实行，各个经济单位都有了很高的积极性。但为了自身的利益，也出现了不顾国家利益和他人利益的倾向，如盲目上马工程项目，扩大建设规模和提高建设标准，不合理地压低发包价格，偷工减料，以次充好，不顾施工质量等。业主与总包单位之间，总包与分包单位之间，为了自身利益相互扯皮的事情也增多了。这些问题的出现均与在注入激励机制的同时，缺乏建立相应的协调约束机制有关。因此，必须实行建设监理制，充分发挥其运用法律、经济、行政和技术的手段在工程建设过程中的协调约束作用。

5. 实行建设监理制是改革开放、开拓国际市场的需要

无论外商在我国投资的工程项目还是我国向国际金融机构贷款的工程项目，都把实施建设监理制作为条件之一，原因是实施建设监理可以使这些工程项目能按预定的投资和工期高质量地建成，能如期地收回投资或贷款本息，从而多吸引外资，我国必须要参照国际惯例建立建设监理制。同时为了进入国际工程承包市场，必须要熟悉建设监理制度，提高竞争力，为此也必须实行建设监理制。总之，只有建立了严格的建设监理制，才能形成主体健全、公平竞争的建设市场，才能形成新的工程项目建设管理体制，才能迅速地与国际接轨。改革和发展我国建设市场的运行机制，是建立和完善社会主义市场经济体制的重要环节。

（四）开发项目建设监理的内容

所谓开发项目的建设监理，从其外延来说，就是指整体开发项目的建设管理，以及对设计管理和施工管理的控制与协调；从其内涵来说，开发项目建设监理的目标是控制投资、工期和质量，合同管理、信息管理和全面的组织协调是实现投资、工期和质量目标所必须运用的控制手段和措施。

1. 进度控制

进度控制是指在项目实施阶段（设计、招标、施工、竣工验收），以项目进度为目标，通过规划、监督、检查、协调及信息反馈等，对项目的全过程实施进度控制，以保证项目在预定的期限内建成并交付使用。

一般来说，在建设前期阶段要研究规划出一个合理的、可实现的较短的建设工期。在设计阶段，除了要对施工的顺序、进度等做出具体安排外，还要控制设计工作本身的进度。在施工阶段，各种因素的影响，如技术原因、组织协调原因、气候原因、资金原因、工地条件等，往往会干扰进度目标的实现，因此，施工进度的控制是项目进度控制的重点。

在进行进度控制时首先要编制进度计划。这些计划要做到在工作开展上符合逻辑顺序、在时间上互相协调、在资源上能够平衡，这样才有可能实现进度总目标。其次是进度计划的监测与调整。监测的目的是及时掌握开发项目的进展情况。定期检查设计、施工、材料设备采购的进度执行情况，及早发现计划与实际的偏差，采取有效措施调整进度计划，修正偏差，以保证整个项目能够按原定的竣工日期完工。

进度控制的方法主要有横道图法和网络图法。横道图具有直观、易懂、绘制简便等优点，因此，目前仍较普遍地采用。但因不能反映各项工作之间的相互依赖关系和关键作用，在使用上具有一定的局限性。网络图法的基本原理是用网络形式来表达各项工作之间的先后顺序和相互关系，通过参数计算找出关键工作和关键线路，作为控制的重点。使用网络图有利于在计划执行过程中进行有效的控制和监督，保证合理地使用人力、物力和财力，完成目标任务。

2. 质量控制

项目的质量控制是指项目管理机构为了确保开发项目质量符合合同规定的质量标准或国家标准规范而采取的一系列监督管理的措施、手段和方法。

设计阶段的质量控制包括参与设计方案的讨论、审定和图纸会审，分析质量目标实现的可能性；编制设计质量控制计划；进行设计质量的定量分析。

采购阶段的质量控制包括审查生产和供应单位的产品能否满足开发工程项目质量和设备质量的要求；保证执行有关的规范和标准；记录质量检查结果，提出质量评价报告。

施工阶段的质量控制包括制定并严格执行施工质量控制计划；项目管理质量控制人员进驻施工现场，对施工质量进行监督；做好对已完工程的验收工作。

3. 投资控制

投资控制就是在项目投资决策阶段、设计阶段、招投标阶段和施工阶段，把项目投资控制在计划限额内，随时纠正偏差，保证目标的实现。其主要目的是利用一定限额的投资，保证房屋的使用功能要求；保证投资在各项工程之间的合理分配；保证投资支出总额在限定的范围之内，并与概预算、投标报价基本相符。

在设计阶段，项目经理对设计单位提出投资控制要求，实行限额设计。初步设计要重视方案选择，在设计任务书批准的投资限额内，落实控制的可能性；施工图预算控制在批准的概算以内；加强设计的变更管理，防止不合理的设计变更造成投资增加；健全设计的经济责任制，如果设计者因自己的责任使设计突破了投资额，则必须做设计修改，并承担由此带来的经济损失。

在施工阶段，在保证进度和质量要求的前提下，严格执行工程承包合同，参与施工单位的主要施工方案的选择，加强技术经济分析，按完成工程量分期付款，有效地控制投资实践证明，实行招标承包制是控制投资的有效措施之一。

第三节 房地产投资

一、房地产投资的含义

由于房地产业独特的产业特性,房地产投资及其过程同一般投资项目有着显著的不同，因而要对房地产投资及其过程进行分析，必须从其投资的特征分析开始。

（一）投资的一般含义

投资通常是指投入一笔货币资本（或其他某种资产类型），通过生产经营，期望将来获得的收入能超过原来的价值（即预期收益）。在现代金融体系发达的情况下，投资者的期望收入水平是指高于银行存款利率的收益率，否则，投资者宁愿将其存入银行。严格地讲，投资是指一种经济行为，是通过积极的经营创造财富，而此财富所换取的货币收入增加额大于储蓄存款或短期国债（可以近似看作无风险的报酬率）的利息。房地产投资的目的也就是期望将来所获收益超过投资额。通过房地产投资所获的收入，一般可以用租金收益水平来表示，出售房地产所获的价格也可以折算为一定的租金收益水平。此外，自有住房可以将其折算为自己向自己支付租金，即通过自有住房可以获得的潜在收益或如果没有自己的住房要向其他人租住时所付的租金水平。

投资的实际进行一般要受三个方面因素的影响，即投资机会、投资收益水平和储蓄水平。整个国民经济中投资水平与储蓄水平有关，而企业的投资则主要取决于投资机会和投资收益水平。其中投资机会又取决于技术进步状况、人口增加、新资源的发现、消费行为的改变及国民收入水平提高等方面的情况。在房地产投资中，技术进步状况是指生产过程的进步，或者是指生产工具的改进或新发明的出现，从而使整体的开发成本降低。如在原来技术水平下只能建造 20 层的楼房，而现在的技术水平下可以建造 100 层的楼房，很明显这会使得开发成本降低。人口的增加使得消费需求在其他条件不变的情况下同步增长，从而使价格水平及其可获得的收益水平也相应提高，所以增加供给量变得有利可图。此外，消费者消费行为的改变可以使不同的房地产类型的收益分配比例产生变化。国民收入的增加可以增加一国整体的房地产需求总量，还有新资源的发现，如新矿或可供生产的土地被发现，都能导致投资的增加。

当存在投资机会的时候，衡量能否进行实际投资的标准是考察投资收益的高低是否足够吸引投资者投入资本，即总收益水平减去总成本后的余额是否足够大。投资于一个房地产项目，其总成本为土地购买价、建安费用，加上其他如税金、销售费用、中介服务费，以及为此而花费的精力和时间的价值。总收益减去总成本的余额除以总成本所得的比率即为投资的边际效率。一般而言，投资的边际效率越高，表示投资所能获得的报酬率越高。这样，投资是否实际进行就要看其报酬水平能否抵销成本，相抵的报酬如果为正数，数值越大，投资者对此项目越有兴趣，反之，投资者就不会进行投资。

（二）房地产投资的基本含义

房地产投资是指资本所有者将其资本投入房地产业，以期在将来获取预期收益的一种经济活动。房地产投资形式多种多样。房地产开发企业所进行的房地产开发是人们最熟悉的一种类型；为了出租经营而购买住宅或办公楼也是相当普遍的房地产投资类型；将资金委托给信托投资公司用以购买或开发房地产也是房地产投资；企业建造工厂、学校建设校舍、政府修建水库，等等，都属于房地产投资。尽管它们表现形式各异，但它们都有一个共同的特点，即通过牺牲现在的某些利益换取预期收益。要强调的是，"现在的某些利益"是指即期的、确定性的利益，但预期收益要到未来才能实现，而且这种未来收益在时间和总量上都难以精确预测。所以，房地产投资决策中，估算总成本和利润的同时还应考虑时间因素。只有在比较项目收益和支出的总量与时间的基础上，并考虑预测的置信水平时，才有可能做出合理的投资决策。

另外，在市场经济条件下，投资者往往同时面对多种投资机会，虽然各个投资机会的即期支出相对容易确定，但是它们的未来收益却难以确定；而且投资者在决策之前往往会发现诱人的机会常常不止一个，但投资者可利用的资源却总是有限的，所以这时就需要有一种方法能够对各种投资方案进行评估，帮助投资者在各种限制条件的前提下，如可承受的风险、所要求的资产流动性、投资组合平衡以及来自管理部门的有关限制条件等，使得最终所选择的投资项目获得最大的效益。

二、房地产投资的特征

同一般投资相比，房地产投资具有以下特征。

（一）房地产投资对象的固定性和不可移动性

房地产投资对象是不动产，土地及其地上建筑物都具有固定性和不可移动性。不仅地球上的位置是固定的，而且土地上的建筑物及其某些附属物一旦形成，也不能移动。这一特点给房地产供给和需求带来重大影响，如果投资失误会给投资者和城市建设造成严重后果，所以投资决策对房地产投资更为重要。

（二）房地产投资的高投入和高成本性

房地产业是一个资金高度密集的行业，投资一宗房地产，少则几百万，多则上亿元的资金。这主要是由房地产本身的特点和经济运行过程决定的。房地产投资的高成本性主要源于以下几个原因。一是土地开发的高成本性。由于土地的位置固定，资源相对稀缺程度较高以及其具有不可替代性，土地所有者在出售和出租土地时就要把土地预期的生产能力和位置、面积、环境等特点作为要价的依据，收取较高的报酬。同时作为自然资源的土地，不能被社会直接利用，必须投入一定的资本进行开发，所有这些因素都使土地开发的成本提高。二是由于房屋建筑的高价值性。房屋的建筑安装成本通常也高于一般产品的生产成本，这是由于房屋的建筑安装要耗费大量的建筑材料和物资，需要有大批技术熟练的劳动力、工程技术人员和施工管理人员，要使用许多大型施工机械。再加上在房地产成交时，由于普遍采用分期付款、抵押付款的方式，房地产的投入资金回收缓慢，因此，也增加了房屋建筑物的成本量。三是房地产经济运作中交易费用高。一般而论，房地产开发周期长、环节多，涉及的管理部门及社会各方面的关系也多。在房地产开发运作过程中，广告费、促销费、公关费都比较高昂，从而也增加了房地产投资成本。

（三）房地产投资的长回收期和长周期性

整个房地产投资的实际操作就是房地产整个开发过程。对每一个房地产投资项目而言，它的开发阶段一直会持续到项目结束，投入和使用的建设开发期是相当漫长的。房地产投资过程中间要经过许多环节，从土地所有权或使用权的获得、建筑物的建造，一直到建筑物的投入使用以及最终收回全部投资资金需要相当长的时间。房地产投资的资金回收期长。一是因为房地产投资不是一个简单的购买过程，它要受到房地产市场各个组成部分的制约，如受到土地投资市场、综合开发市场、建筑施工市场、房产市场的限制，其中特别是房屋的建筑安装工程期较长。投资者把资金投入房地产市场，往往要经过这几个市场的多次完整的运动才能获得利润。二是由于房地产市场本身是一个相当复杂的市场，其复杂性不是单个投资者在短期内所能应付得了的。所以，一般投资者必须聘请专业人员来进行辅助工作，才能完成交易。这样又会增加一定的时间。三是如果房地产投资的部分回收是通过收取房地产租金实现的，由于租金回收的时间较长，这样更会使整个房地产投资回收期延长。

（四）房地产投资的高风险性

由于房地产投资占用资金多，资金周转期又长，而市场是瞬息万变的，因此投资的风险因素也将增多。加上房地产资产的低流动性，不能轻易脱手，一旦投资失误，房屋空置，资金不能按期收回，企业就会陷于被动，甚至债息负担沉重，导致破产倒闭。

（五）房地产投资的强环境约束性

建筑物是一个城市的构成部分，又具有不可移动性。因此，在一个城市中客观上要求有一个统一的规划和布局。城市的功能分区、建筑物的密度和高度、城市的生态环境等都构成外在的制约因素。房地产投资必须服从城市规划、土地规划、生态环境规划的要求，把微观经济效益和宏观经济效益、环境效益统一起来。只有这样，才能取得良好的投资效益。

（六）房地产投资的低流动性

房地产投资成本高，不像一般商品买卖可以在短时间内马上完成轻易脱手，房地产交易通常要一个月甚至更长的时间才能完成；而且投资者一旦将资金投入房地产买卖中，其资金很难在短期内变现。所以房地产资金的流动性和灵活性都较低。当然房地产投资也有既耐久又能保值的优点：房地产商品一旦在房地产管理部门将产权登记入册，获取相应的产权凭证后，即得到了法律上的认可和保护，其耐久保值性能要高于其他投资对象。

三、房地产投资过程

房地产投资过程实际上就是房地产项目开发经营的全过程。房地产投资周期长、环节多，是一个相当复杂的过程，房地产投资过程与开发过程是类似的，不过其侧重点不同。概括而言，房地产投资过程大体可分为投资分析、土地开发权获得、房地产建设开发及房地产销售经营这四个阶段。

（一）投资分析

房地产经济活动是一个大量资金运动的过程，一旦做出投资决定，资金的投入就是一个难以逆转的持续过程。投资决策准确是确保整个开发项目成功的关键。反之，投资决策失误，就会导致重大损失。因此，慎重地进行决策，是房地产开发经营的必要前提。要保证投资决策成功，就必须在市场分析、财务分析的基础上，认真做好可行性分析研究。

1. 市场分析

市场分析的重点在于估计市场对于投资计划中拟开发成为房地产商品的需求强度以及竞争环境的分析。对市场所做的研究有利于正确估计未来房地产的收益，进而有助于投资者在进行财务分析时，能够正确计算出未来现金流量。

2. 财务分析

投资者经由市场分析估计未来房地产的收益，进而估计出未来的现金流量。因此，财务分析的主要目的是经由现金流量的估计，计算出预期报酬率，并以所得的结果与要求的报酬率加以比较来判定这项投资是否可行。此外，财务分析也对投资的风险进行估计，以判定面临的风险与预期报酬是否在投资者所接受的范围内。

3. 可行性分析

可行性分析是一个综合的步骤。投资者除了利用前述市场分析与财务分析的结果，研究和判断其可行性外，还要进行相关的建筑与土地使用等法规限制的研究，以了解投资计划在法规限制上是否可行，以及目前的产权形式与产权的取得是否可行。而且可行性分析对房地产开发的庞大资金来源是否能取得也是一个重要的关键点。因此，只有在计划阶段中的可行性分析确定后，整个计划才可能付诸实施，下一步骤的投资程序才能继续进行。投资者必须了解在计划评估过程中，可能会因为遭受的限制而做某些修改。因此，投资者在做可行性分析这些步骤时，并不能将其当作单纯的接受或否决的过程，它实际上还包括了重新评估与修正的功能。通常，在一些较大项目中，为了确保投资决策成功，可行性分析要反复研究，在正式决策之前，可做预可行性研究，以保证投资决策的准确性。

（二）土地开发权获得

这一过程包括土地使用权或产权的取得与议价程序。在计划时期确定投资计划可行后，土地使用权以何种形式取得乃是投资者接下来考虑的要点，是完全买断，还是合作开发，或是部分使用权（如地上权），或长期租赁等。

在确定产权形式的同时，要进行的是获得土地的程序及与土地所有者议价的程序，以确定产权的取得成本。在这一过程中，是从一级市场通过批租形式获得土地，还是从二级市场购得土地，其具体法律手续各有差异，必须搞清楚其中的每一个环节，以免产生不必要的纠纷。此外，由于房地产为良好的担保品，而且其取得成本通常非常巨大，因此大多数的投资者皆运用财务杠杆以取得房地产产权，也就是向金融机构融资以取得资金。不同的金融单位，其信用成本与融资条件不同，因此在进行融资活动时，要详细评估投资计划与各种融资机会，以选择最有利的融资方式。

（三）房地产建设开发

在房地产开发中，首先要取得政府立项和规划的许可。立项和规划涉及资金运作及水、电、煤、路等各项配套条件，是一个相当繁杂但又十分重要的工作。在房地产整个开发过程中，其与投资决策、土地使用权获得一起又称为开发前期工作时期。

在上述前期工作完成之后，方可进入实质性的建设开发阶段。以后的工作为根据规划及开发要求进行设计，然后寻找建筑商进行营造。在整个营造过程中，投资者又必须进行必要的监督或委托监理公司进行建设监理。由于开发所需要的资金相当庞大，因此在大多数的情况下，投资者仍须向金融机构融资以取得资金。此时，融资活动又成为一项重要的工作，如何取得与选择有利的融资机会与融资条件，以保证建设开发进度及按时竣工完成，成为此时融资活动的主要目标。

（四）房地产销售经营

在房地产销售阶段主要的工作，一是必须有完善的营销规划，包括确定目标市场的购买者，拟定适当的营销策略及营销组织以求顺利销售。二是实际的销售活动，包括根据市场状况及可能条件采取的各种促销手段，以及如签约、收取定金、过户登记等具体手续。三是融资活动的进行。由于房地产金额庞大，在促销的过程中，常常需要替买者安排有利的融资计划以吸引买者，因此融资特别是购房抵押贷款及各项分期付款的活动也会成为这一阶段的重要工作。

在这一阶段中，某些已开发完成的房地产，如果不是以销售为目的，或者因销售状况不理想，也可以把这部分房地产作为物业进行经营，即以经营谋利为目的。经营的形态主要分为两大类：一类是将房地产出租给他人，并定期收取租金获取收益。这类租赁的经营形态下，投资者负担的管理成本较低，收益固定且风险较小，但是一般而言报酬可能较低。另一类则是由投资者自己经营管理，此时投资者可能获取较高的报酬，但却须自行负担营运的风险，而且收益亦不稳定。已开发完成的房地产，在经营阶段要依据不同的经营形态，采取不同的管理活动，如维修、更新、保全、各种费用税金的缴纳与各种收入的收取，以及实际从事营业的必要管理活动等。

此外，由于房地产是价高耐用的特殊商品，其维修物业管理不仅是房地产商品售后服务所必需的，而且物业管理本身也已成为房地产整体开发中不可或缺的组成部分。因此，采取何种物业管理方法及如何真正搞好物业管理，也是房地产整个投资过程中必须认真考虑的。

第四节 房地产投资风险

一、房地产投资风险的概念

一般而言，风险是指某种不利事件发生而引起损失的可能性。或者以偏离预期利润的可能性来定义风险，即凡低于预期利润率的事件发生的可能性都可以称为风险。风险主要是指发生损失的可能性，也可以看作只是没有达到预期收益水平或者其机会成本太高的状况。任何种类的投资都存在一定的风险，房地产投资的风险更大。

经济学中风险的测定是一个相对困难的问题，一般只能采取某种较为迂回的方式来判断。运用数学的标准差和变差系数测定风险是基于以下的认识：某一特定的决策或投资类型，如果它的各种可能结果的概率分布越密集，这项投资的风险就越小，即实际结果偏离期望值的可能性就越小，实际结果偏离期望值的程度可以用标准差来较为准确地衡量。一般标准差越小，概率分布越密集，有关投资的风险也就越小。

从理论上来说，运用损失概率或者低于预期值的概率来测定风险比较符合逻辑。不过，测定方法的这种调整不会影响最终结论。在实践中，往往可以运用标准差或偏离期望值的程度来测定风险，而不一定要用损失概率。在某些情况下，当收入不易确定时，也可以用损失概率来衡量，这只是测定风险的不同技术分析。

从一般风险定义出发，所谓房地产风险是指房地产投资过程中，某种低于预期利润，特别是导致投资损失的可能性。房地产投资最大的优势是可以获得较高的利润。但是，它与一切投资类型一样仍然存在风险，特别是由于房地产投资价值量大、周期长、其实物形态是不动产以及市场竞争不充分等特点，房地产投资的风险程度更高。

二、房地产投资风险的主要类型

房地产投资风险可以从两个角度进行分类，一个分类角度可以从引起风险的主要因素进行，一般分为资产专用性风险、营运风险、财务风险、市场风险、社会风险和自然风险。另一个角度是从衡量风险状态的角度进行，分为静态和动态商业风险、内部和外部财务风险。当然两种分类方法存在一定的交叉，但强调的重点有所不同，下面分而述之。

（一）房地产投资风险的第一种分类

1. 资产专用性风险

资产专用性风险是指购买土地使用权并在其上建造各种类型建筑物项目所支付的各种费用可能造成的损失。一方面，由于房地产固定性的特征，一旦将资金投入房地产开发，很难转入其他投资领域，在经济学中称为沉淀成本，这样一旦投资者判断出现偏差，其投资收益将不能弥补支出。另一方面，在房地产开发投资中，投资周期往往很长，目前的成本支出水平和结构也许投资者能够承受，但在开发过程中，由于建造成本不可预计的涨价因素可能造成投资者不堪重负、欲罢不能，这些都是由房地产资产专用性、转移困难造成的。实践中出现的某些"半拉子"工程就属于这种情况。

2. 营运风险

营运风险也称为经营性风险，是指由于房地产投资经营上的失误造成的实际经营结果偏离期望值的可能性。这种风险既同投资企业的内在因素有关，也同外在的周围经济环境的影响有关。所谓投资企业的内在因素，包括三种情况：一是由于得不到充分的市场信息导致经营决策失误；二是由于投资者不懂交易所涉及的众多的法律条文、城市规划条例、赋税规定等造成投资失败的可能性；三是企业管理水平差、效率低，如住宅不能及时出售，或者出租的房屋空置率过高，导致经营费用增加、营业净收入低于期望值等。外在因素的影响导致经营的失败是指周围经济条件可能没有原来预料得那样好，如对沿海一些城市生产的大量高档花园别墅的需求没有预料得那样多，从而出售率或出租率很低，或者价格、租金下降等都会给投资者造成经营性风险。

3. 财务风险

财务风险是指在房地产投资者运用财务杠杆，即在使用贷款的条件下，既扩大了投资的利润范围，同时也增加了不确定性，增加的营业收入不足以偿还债务的可能性。财务杠杆的使用提高了税前年收益的期望值和可能收益的上限，但是也扩大了年收益波动的范围，降低了可能收益的下限，下端风险增大了，加上抵押贷款的贷方对净收入有优先要求权，而投资者的税前现金流量是还贷后的余额，所以增加贷款量也增加了营业收入不足以偿还债务的可能性。违约风险也是财务风险的一种，是指由于投资者或其他房地产主体财务状况恶化而使房地产投资及其报酬无法全部收回的可能性。房地产购买者不能按约按期支付购房款，拖欠严重，使投资者入不敷出所造成的一种风险。

4. 市场风险

市场风险是指房地产市场变化状况的不确定性给房地产投资者带来的风险，其中主要有以下几种。

（1）购买力风险

购买力风险是指由于种种原因使物价总水平迅速上涨，通货膨胀率较高，出售或出租房地产获得的现金不能买到原来能买到的那么多东西，即购买力下降，这里的风险主要出在投资者提价的"时滞"上，特别在高通货膨胀时期，这种风险尤其严重。购买力风险也会影响消费者，在货币购买力水平普遍下降的情况下，人们会把有限的购买力用到最急需的消费上，从而影响了对房地产的消费购买。这样即使房地产本身能够保值，由于人们降低了对它的需求，也会导致房地产投资者遭受一定的损失，在房地产销售市场上，面临着众多开发商提供的商品房，竞争十分激烈，在买方市场的条件下，能否销售出去关系到投资的成败得失。所以，销售风险是市场风险中的主要风险。

（2）流动性和变现性风险

由于房地产商品的实体不能流动，它的变现性也就较差。这主要由以下原因造成：一是它是不动产，不能由需求低的地方搬到需求高的地方；二是它的投资周期长，使用周期更长，一笔投资下去后要经过相当长的时间才能将房地产投放到市场上去；三是房地产价值量大，占用资金多，做成交易花费时间也长。这些都影响了房地产的流动性，进而影响了其变现性。投资者需要现金的时候，无法很快完成交易，只能等待合适的机会或以低的价格卖出，从而大大影响了投资收益水平。

（3）利率风险

房地产投资由于利率的变化会产生风险，一方面是因为利率是房地产投资的机会成本的标志，获取贷款的利率提高，会直接增加开发成本；另一方面利率的浮动会影响到房地产的销售市场和建筑市场。利率越低，房屋销售额越高，两者呈反比。贷款利率的高低直接影响消费者购买住宅的能力。

5. 社会风险和自然风险

社会风险是指由于政治的、经济的较大变动或者冲击以及相应的规模、政策等因素的变动，引起房地产需求和价格的跌落所造成的风险。当经济社会发展处于高潮时期，房地产价格上涨，当各种政治风波出现和经济衰退时，原有发展规划改变、项目削减，造成房地产需求下降，进而引起房地产价格急剧下降。

（二）房地产投资风险的第二种分类

根据衡量风险状态的角度，我们可以将风险分为商业风险和财务风险两种基本的类型。

1. 商业风险

商业风险是基本的资产风险，也就是投资者所要求的总资产收益率不能实现的概率。

这一概率与如下五个变量随时间的预期变化有关，即资本支出、总可能收入、空置、经营费用和物业价值。这五个变量的方差越大，意味着商业风险越大。商业风险可以进一步划分为静态和动态两类。前者是由于自然原因所致，是一个随机事件，非投资者所能控制。而且，静态风险几乎无一例外，总是导致投资的损失，譬如火灾、风暴、水灾等。因为这类风险从长远的角度来说，是可以预测的，因此绝大多数静态风险可以通过保险公司转移风险。此外，静态风险也可以通过分散投资的办法加以转移。从投资组合角度，将总投资分散在不同地区或不同领域，可以达到规避风险的目的。譬如，有一定实力的投资者可以在不同地区针对不同特点的房地产项目进行投资，达到所谓"东方不亮西方亮"的效果。一般来说，由于静态风险可以通过保险或分散投资的办法得以转移，因此投资者基本上可以不考虑此类风险。

动态风险是由投资项目的物理状况和所处的经济环境所决定的，具体地说，与市场供求情况、房龄、质量和投资者的风险管理等因素相关。而且，这些因素的变化总是引起新建项目、改建项目的购买成本、净经营收入、物业价值、投资者避税能力和总资产内部收益率等投资结果参数的变化。所以，动态风险既可能造成损失，也可能带来盈利。但是，动态风险是外在的，非投资者所能控制，也不可能通过保险或分散投资的方法加以消除。所以投资者需要有相应的风险酬金来补偿其所要承担的动态风险。

2. 财务风险

财务风险是指由于负债融资引起的风险。它是基本商业风险以外的风险，风险程度随着债务总量的增加而增加。具体地说，财务风险是指不能获得预期的或所要求达到的股本内部收益率，从而使得投资者无法偿付由于债务融资所产生的固定债务的概率。尽管债务可能会减少投资预期的净现金流量，但一般不会引起现金流量方差的改变。然而，如果财务杠杆的作用是有利的，那么负债融资的结果将增加内部收益率的方差。像动态风险一样，财务风险也使得投资者要持有额外的风险酬金以补偿其承担的财务风险。

由于财务风险从根本上说是一个由内部和外部因素引起的现金流动性问题或者是偿付能力问题，因此投资者必须考虑这两种不同类型的财务风险。

内部财务风险与投资项目是否有能力产出足够的现金以支付每月或每年的债务本息问题相关。譬如，在偿债能力比率较低的情况下，较高的杠杆比率（即负债过高）将导致投资项目相当大的内部财务风险。如果收益债务比增加，内部财务风险就将相应降低。

外部财务风险与投资者能否从货币市场或其他外部资金渠道上筹集资金的能力相关。如果能顺利筹资，意味着外部财务风险较低，反之，则存在较大的外部财务风险。

三、房地产投资风险管理

在投资活动中，房地产投资风险是客观存在的，这对于所有的房地产投资者都是一样的。投资风险的控制即在于能及时地发现或预测到这种风险并能及时采取有效的措施，化解、缓和、减轻、控制这种风险，减少投资者预期收益损失的可能性。

规避和控制风险的基本思想是对某种损失的可能性进行调整，进而尽力降低这种可能性。如果造成损失的不确定因素有可能出现，也有可能不出现，那么在投资过程中尽量避免可能出现的情况。如果造成损失的不确定因素出现的可能性有大有小，则要采取措施使出现的可能性尽量小，进而减少损失的可能性。房地产投资风险管理的主要方法有移动、分散、控制、转移等方法。

（一）风险移动

所谓风险移动，一方面是在预期收益相同的情况下，投资于风险较小的房地产项目。房地产投资项目种类较多，它们的风险度大小不一。有的风险度较大，可能遭遇的不确定性因素也较高，而有些投资项目的风险度较小，选择风险度小的投资项目，可以使投资收益得到有效的保证。另一方面是通过市场调查实行正确决策来预测和控制风险。风险无非是指在投资经营过程中存在各种不确定因素，从而使实际收益偏离预期收益的可能性。减少这种不确定性从而减少这种偏离的最好办法，就是通过市场调查获得尽可能详尽的信息，把不确定性降低到最低限度，从而较好地控制房地产投资过程中的风险。

（二）风险分散

所谓风险分散是通过多项目投资组合及多种经营，利用不同项目的不同风险特性来分散风险，即投资中经常提到的"不要把鸡蛋放入同一个篮子里"。由于不同投资项目的风险、收益等因素是不同的，所以，实行多项目投资组合可以获得比所有投资集中于一个项目上更稳定的收益，当然各项目之间的相关性不能太强，相关性太强就会起不到降低风险的作用。

（三）风险控制

风险控制主要是通过加强资产管理来实现的。一个投资项目能否达到预期的收益水平，管理人员是最为重要的关键因素。提高管理人员的素质，进而提高管理水平，可以提高对市场的可预测性，降低不确定性，可以更有效地使用资产，减少经营费用，降低空置率，提高收益水平，进而降低和控制风险。

（四）风险转移

所谓风险转移是通过合理改变经营形式将一部分或全部风险由另一方来承担。在租赁房地产业务中租约规定承租人负担所有的经营费用，维修、保养费用甚至税收，这就将经营风险转移给承租人。在长期租约中规定租金随着物价指数上升而相应地变动，就能把购买力风险转移给承租者，在开发商与建筑商施工合同中，规定建筑材料由建筑商采购，也起到类似的作用。此外，对于一部分可保风险，可通过保险方式转移。可保风险是指在长期经济活动中，有一部分风险如由于人们对自然力失去控制或自然本身发生异常所造成损失的可能性，人们已经掌握了其发生的大致概率，通过缴纳一定的费用投保，这种风险可以转移给保险公司，因此称为可保风险。

第五节　房地产开发投资决策

一、房地产开发投资决策概述

（一）房地产开发投资决策的含义和意义

一般而言，决策就是在目标既定的情况下，寻找可以达到目标的各种可行方案，然后对这些方案进行比较分析，最后选出一个最优可行方案的过程。具体而言，房地产开发投资决策就是对拟建房地产投资项目的必要性和可行性进行技术经济分析，对可以达到目标的不同方案进行比较和评价并做出判断，选择某一方案的过程。

房地产开发投资决策对房地产业和房地产市场的完善和发展具有十分重要的意义。房地产由于其空间的固定性特征，一旦决策完成付诸实施，将很难随意移动和变更。另外，房地产投资建设周期长、占用资金量大，一旦开工建设就不能中断，要力求缩短工期，在最佳时机投入市场。房地产投资关系着人民的基本需要和生活质量的提高，也关系着经济发展和城市建设，它的总量水平、结构状况、空间布局和时间安排均十分复杂。房地产投资规模在整个国民经济投资规模中占有很大的比重，它必须与社会所拥有的人力、物力和财力相适应。这些情况都决定了必须重视房地产开发的投资决策。房地产开发投资决策的科学水平直接表明了一国或一个地区房地产业和房地产市场发育的成熟程度。

（二）房地产开发投资决策的分类

房地产投资决策贯穿于整个房地产投资活动的全过程，涉及各方面的内容。因此，根据不同的要求，从不同的角度对房地产开发投资决策加以分类，有助于决策者把握各类决策的特点。根据决策问题的特征，按不同的决策种类，采用相应的方法，进行有效的决策。

1. 按决策影响的时间长短

可以分为长期决策和短期决策。长期决策是指有关组织今后发展方向的长远性、全局性的重大决策，又称长期战略决策，如投资方向选择、投资规模的确定等问题的决策。短期决策则是实现长期战略目标所采取的短期策略手段，又称短期战术决策，如日常的资金分配等问题的决策。

2. 按决策的重要性

可以分为战略决策、战术决策和业务决策。战略决策是所有决策问题中最重要的。战略决策所要解决的是全局性的问题，即确定一个长远的房地产投资目标或方向，例如是否从原有行业进入房地产业。战术决策所要解决的是局部性、短期性的问题，是为保证战略决策实施而采取的项目投资决策及业务决策，又称执行性决策，是日常工作中为提高生产效率、工作效率所做的决策，涉及范围较小，对投资活动只产生局部影响。

3. 按决策问题的重复程度

可以分为程序化决策和非程序化决策。程序化决策是按原来规定的程序、处理方法和标准去解决管理中经常重复出现的问题，又称重复性决策、定型化决策、常规决策。它可以通过制定规定程序、决策模型和选择方案的标准，按常规进行处理。非程序化决策是解决以往无先例可循的新问题，具有极大的偶然性和随机性，很少重复发生。这类决策又称为一次性决策、非定型化决策和非常规决策，通常是有关重大战略问题的决策。由于非程序化决策需要考虑内外部条件变动及其他不可量化的因素，除采用定量分析外，决策者个人的经验、知识、洞察力和直觉、价值观等主观因素对决策也有很大的影响。

4. 按决策问题的可控程度

可以分为确定型决策、非确定型决策和风险型决策。确定型决策是在稳定或者可控条件下进行的决策，是指决策者确知自然状态的发生，每一方案只有一个确定的结果，方案的选择结果取决于对各方案结果的直接比较。风险型决策也称随机决策，即决策方案未来的自然状态不能预先肯定，可能有几种状态，但每种自然状态发生的概率是可以做出客观估计的，所以不管哪个决策方案都是有风险的。这类决策的关键在于衡量各备选方案成败的可能性（概率），权衡各自的利弊，做出择优选择。非确定型决策是在不稳定条件下进行的决策，决策方案未来的自然状态可能有多种，但无法预先做出明确估计，且各种自然状态的概率亦无法确定，似乎每一个备选方案都有可能获得成功，也都隐藏着失败的可能。在不稳定条件下进行有效的决策，关键在于决策人员对信息资料掌握的程度、信息资料的质量，以及对未来形势的准确判断。这类决策主要是根据决策人员的直觉、经验和判断能力来进行的。

二、房地产开发投资决策过程

房地产开发投资决策过程是指在房地产投资决策中，提出问题、分析问题和解决问题的过程，其一般程序包括分析问题、设计方案、评价方案、实施方案、方案调整和反馈的过程。具体过程如下：

（一）调查研究提出房地产投资项目

在调查研究过程中以市场调查尤为重要。它是房地产开发投资决策的前提和基础。这一阶段的关键在于明确问题，包括希望解决的问题是什么？它的关键因素是什么？必须在什么时间解决它？为什么要解决这一问题？为解决这一问题愿付出多大代价？在发现问题的过程中，可以使用关键因素分析技术。关键因素即在做出任何行动之前，必须改变、转移和消除的因素。通过发现关键因素，我们通常可以透过问题的表象把握真正的问题所在。确定决策的时机也是十分重要的，无论先于或滞后于决策能产生实效的时机，都无法实现有效的决策。

（二）确定房地产投资决策目标

合理的目标是合理决策的前提。决策目标的形成、目标的大小层次及决策者对目标的认识都会影响决策的顺利进行。决策目标是由上述阶段中所要解决的问题决定的。在目标确定过程中，首先必须把要解决问题的性质、结构、症结及其原因分析清楚，然后才能有针对性地确定合理的决策目标。决策目标必须十分明确，目标过分抽象或模棱两可、含糊不清，决策将无所遵循，决策目标的实现程度也难以衡量。合理的决策目标应该是可以衡量其成果、规定其时间和确定其责任的。另外，决策目标往往不止一个，而且多个目标之间有时还会有矛盾，这就给决策带来了一定的困难，所以，要处理好多目标的问题。

（三）找出所有可行方案

根据房地产投资目标和有关的信息情报，拟定可行方案并要求整体详尽性和相互排斥性相结合，以避免方案选择过程中的偏差。整体详尽性指拟定的各种备选方案应尽量包括所有可能找到的方案，因为方案的数量越多，质量越好，选择的余地就越大。相互排斥性指在不同方案中只能选用一个方案。分析者对于最有潜力的方案，应依照下列原则进行检查：主要分析工作应致力于最有效的几个方案上，用在分析上的总费用不可超过它的预期收益。在拟定备选方案的过程中，还应考虑可能出现的意外变动，并对主要的参数及可能出现的误差和变动进行预测性分析。

（四）确立衡量房地产投资效益的标准，测算每个方案的预期结果

衡量效益的标准决定了最后的分析结果。但这一标准很大程度上取决于决策者的主观判断。在不同的决策者之间，最佳方案的选择很可能因衡量效益的标准不同而不同。通常可以通过成本与收益来衡量方案效益。成本是方案实施过程中所需消耗的资源，如资金、人员、设备等。收益则是由某些行动的结果而产生的价值。在决定选择方案的整体价值时，成本与收益都要考虑。确立了各可行方案的效益衡量标准后，就可据此对每个方案的预期结果进行测量，以供方案评价和选择之用。

（五）房地产投资方案评估及方案选择

方案评估就是根据确立的决策目标所提出的各种可行方案以及衡量效益的标准、预期的结果等，分别对各方案进行衡量。方案的选择则是就每一方案的结果进行比较，选出最可能实现决策预期目标或期望收益最大的方案，作为初步最佳方案。方案评估的标准包括方案的作用、效果、利益、意义等，应具有技术可能性和经济合理性。选择方案的方法通常有经验判断法、数学分析法和试验法三类。经验判断法是依靠决策者的经验进行判断，常用的有淘汰法、排队法、归类法等。数学分析法是应用决策论的定量化方法进行方案选择，常用的有概率法、效用法、期望值、决策树等。试验法则是在管理决策中，特别是新方法的采用、新工艺的试验中所采用的一种选择方法，可视为正式决策前的试验。

（六）实施房地产投资决策方案

方案的实施是决策过程中至关重要的一步，在方案选定以后，就可制定实施方案的具体措施和政策。

（七）追踪调查方案实施，保证目标的实现程度

执行一个大规模的决策方案通常需要较长的时间，在这段时间中，情况可能会发生变化，而初步分析只产生对于该问题的一个初步估计。因此，在进行方案计划的设置及解决不确定性问题时，方案应不断加以调整和完善。一方面，任何连续性活动过程由于涉及多阶段控制，定期的分析也是必要的。这是在变动的环境中获取最优结果的唯一途径。另一方面，由于外部环境和内部条件的不断变动，也需要通过不断修正方案来消除不确定性，以适应变化了的情况。

三、房地产开发投资决策工具

房地产开发投资决策的核心是对开发项目进行财务评价，即分析这一项目能否满足开发企业的财务目标，能否获得足够的利润，能否保持项目自身收支平衡。

房地产开发投资项目的财务评价目前已发展成较为成熟的方法，重点是对项目的财务效益进行分析，同时也对项目的国民经济效益和社会效益进行评价。根据是否考虑时间价值因素，财务评价一般可以分为静态和动态两类分析方法。

（一）静态分析方法

1. 投资回报率（投资收益率）

对房地产开发企业来说，其收益主要体现在租售所得的净利润，所以投资回报率（或称投资收益率）是净利润与投资总额的比率，这个比率越大越好，其公式：

$$投资回报率（投资收益率）= 净利润 \div 投资总额 \times 100\%$$

2. 静态投资回收期

静态投资回收期是指不考虑资金的时间价值时，即不对项目开发经营期的净现金流量进行折现时，房地产投资项目的净收益抵偿项目全部投资所需要的时间。

（二）动态分析方法

1. 净现值法

所谓净现值是把房地产投资项目寿命期内不同时点所发生的资金流入量和流出量的差额，即净现金流量，按设定的折现率贴现到项目起始时点上的价值。净现值是项目在经济寿命期内各期净收益现值的总和，能反映项目获利能力的大小。设定的折现率通常是房地产行业的基准或平均收益率，也可以是投资者确定的目标收益率，反映了投资者期望投资项目最小的回报率水平，决定基准收益的主要因素是投资者的目标、资金成本和项目风险及不确定性的大小。

当房地产投资项目计算出的净现值率等于零，意味着本项目可以获得与基准收益率相同的收益率。净现值率大于零，意味着本项目可以获得高于基准收益率的收益率水平。净现值率小于零时，意味着本项目的预期收益率小于基准收益率。换言之，当净现值率小于零时，本项目是不可行的。

同时，在进行多个投资项目的比较时，当投资额相等时，应选取净现值最大的项目；当投资额不等时，应选取净现值率（净现值／投资现值）最大的项目。

2. 内部收益率法

所谓内部收益率是指项目的累计净现值等于零时的折现率。内部收益率法就是用内部收益率来评价开发项目经济效益的一种方法。利用内部收益率来评价、筛选投资项目时，必须以一个确定的部门、行业的基准投资收益率作为判断标准，当内部收益率大于或等于基准收益率时，项目可以接受；反之，当内部收益率小于基准收益率时，项目是不可行的。

内部收益率的经济含义是在项目开发经营期内如果按内部收益率获得净收益，至项目寿命终了时能够完全收回投资。

由于内部收益率中涉及多期收益回收问题，在计算过程中需要求解几次甚至几十次方的方程，一般采取迭代试算的方法进行计算。当迭代结果收敛到内部收益率在一定范围内时，即累计净现值为正和为负的试算折现率之间相差一个百分点时，运用线性内插法进行计算。

3. 动态投资回收期

动态投资回收期是指考虑资金的时间价值时，对项目开发经营期的净现金流量进行折现，累计净现值抵偿项目全部投资所需要的时间。

动态投资回收期可以运用现金流量表的累计净现金流量的折现值从负到正的时间变化得到。

对开发企业来说，动态投资回收期由于考虑了资金的时间价值，能够更加真实地反映开发企业面临的风险和不确定性问题，回收期越短，开发企业越能够有效地规避资金风险。

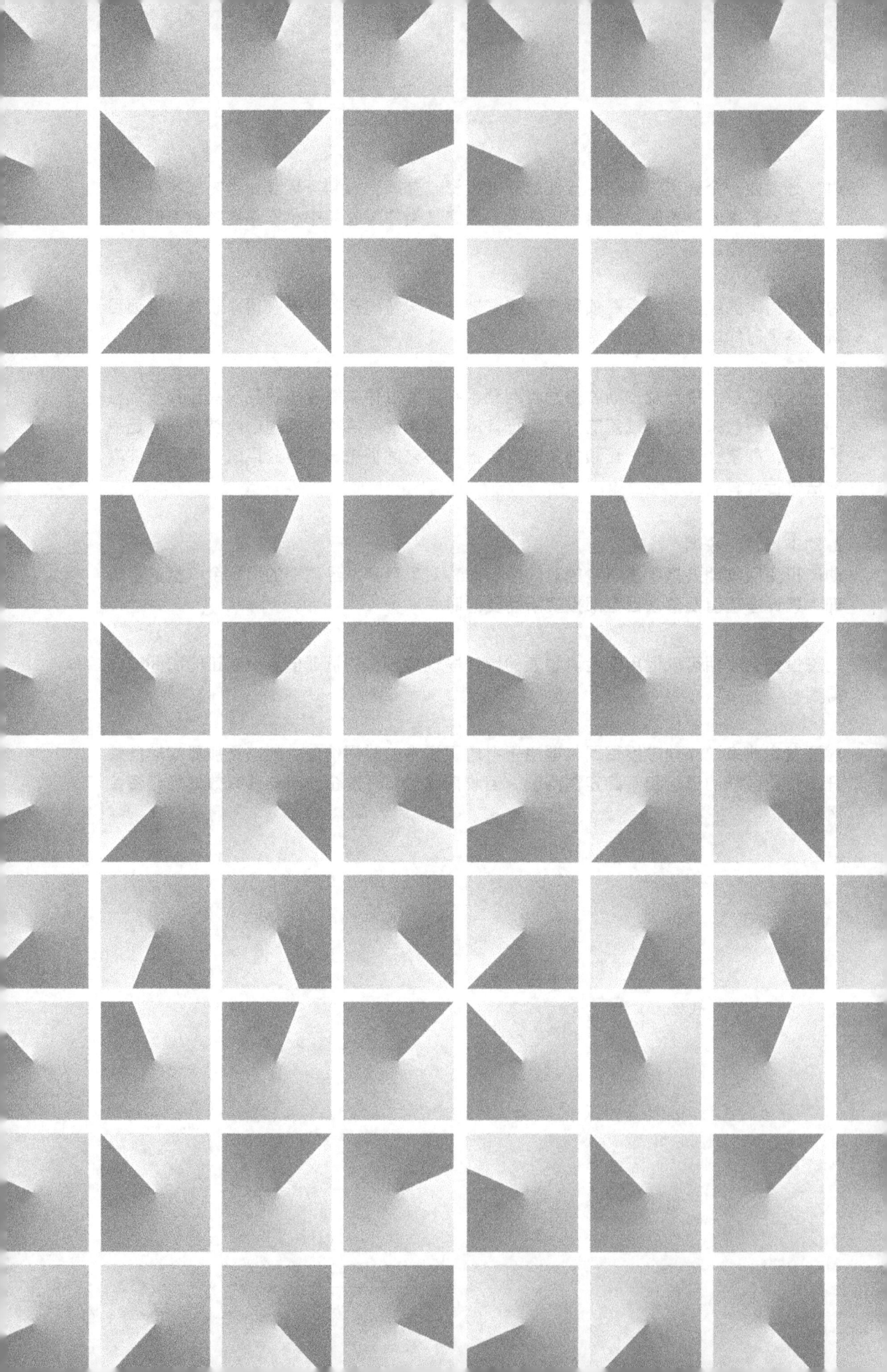

第四章
房地产市场营销管理

第一节 房地产市场营销概述

房地产市场营销是指房地产开发经营企业开展的创造性、适应动态变化的房地产市场的活动，以及由这些活动综合形成的房地产商品、服务和信息，从房地产开发经营者流向房地产购买者的社会活动和管理过程，目的是满足顾客对土地或房屋的需求。

房地产市场营销的目标和核心是运用既定的程序以及技巧，使房地产交易迅速达成，最终实现房地产商品的价值。房地产市场营销是沟通和连接房地产开发、房地产流通以及房地产消费和使用的重要手段。

一、房地产市场营销特征

房地产自身的特点决定了房地产市场营销具有不同于普通消费品营销的特征，具体表现在以下方面。

1. 复杂性
房地产市场营销包含了市场调研、地段选择、房地产产品设计与定价、销售渠道的选择、促销等一系列复杂的过程。房地产市场营销涉及的领域多、部门多、法律多，需要很多专业人员的参与，还容易受外部环境的影响。法律法规的变动、金融风暴、股市波动等都会对房地产营销活动产生不确定的影响。

2. 风险性
房地产开发周期长，从项目可行性研究到最终推出楼盘销售，一般需要一年以上的时间。在长周期的开发过程中，企业面临的外部环境都会发生变化，甚至会发生意想不到的事情，加大了房地产市场营销的风险。

3. 差异性
房地产商品由于区位、设计等因素的不同而具有独一无二的特征，不能像普通商品那样进行大批量的复制和生产。房地产价值大，使用期限长，购房者会慎重考虑后才做出决策。因此，购房者的购买行为以复杂的购买模式为主。房地产市场营销人员面对的顾客都是全新的，是典型的一对一营销，推销产生的作用往往会很大。

4. 协同性
房地产市场营销需要建筑业、金融业、通信业等的配合，涉及投资咨询、市场调研、建筑设计、工程监理、销售推广、物业管理等，需要不同的专业人员通力合作才能做好。房地产企业仅凭自己企业的人员从事相关工作是不够的，应组建行业专家、政府部门官员、高校学者、律师等构成的智囊团，为营销活动献计献策。

二、房地产市场营销理论

（一）4P 理论

1. 产品（Product）

产品是指能够提供给市场被人们使用和消费并满足人们某种需要的任何东西，包括有形产品、服务、人员、组织、观念或它们的组合。产品注重开发的功能，要求产品有独特的卖点，把产品的功能诉求放在第一位。房地产产品的五个层次如图 4-1 所示。

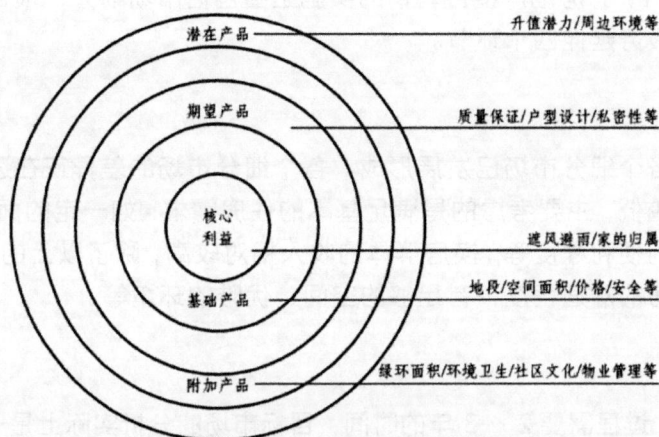

图 4-1 房地产产品的五个层次

2. 价格（Price）

价格是购房者为获得产品而支付的货币数量，是交换过程中备受关注的焦点问题。价格仍然是购房者决策的主导因素，在销售过程中购房者最为感兴趣，同时也确定了房地产开发商的盈利利润。双方买卖达成协议的最根本问题就是价格问题。定价是房地产营销过程的核心和关键，一切操作均以此为主轴。

3. 销售渠道（Place）

销售渠道可分为直接渠道和间接渠道。直接渠道是指通过个人联系，以信件、电话、电子手段，交流往来等方式将产品从公司出售给潜在客户。间接渠道是指通过第三方中间人（如代理或经纪人代表）出售产品。房地产企业主要采用直接销售的渠道。因为房地产产品的关键信息，如楼盘质量保障、企业信誉、支付承诺等，只有通过面对面的交流才能有所了解。

4. 促销（Promotion）

促销包括广告、人员推销、营业推广和公共关系活动四种方式，目的是对消费者或使用者传递产品和企业信息，唤起顾客对商品的需求，以开拓市场，树立产品和企业形象。在实际促销过程中，选择四种方式组合应用，构成促销的组合策略。

（二）4C 理论

4C 理论又称整合营销理论，强调购房者的愿望和需求（Consumer）、购房者的便利性（Convenience）、购房者可接受的价格（Cost）以及企业与顾客之间的有效沟通（Communication）。房地产整合营销的实施主要包括市场细分、项目优化、渠道多样化且双向性、服务延伸四个环节。

1. 市场细分

房地产市场上的各个细分市场已发展形成，各个细分市场的差异正在逐步扩大。首次购房者收入相对较低，主要考虑的是满足基本的住房需求，如一定的面积保证，购物、上学和就业方面的便利程度等；换房群体的收入相对较高，除了以上的基本需求之外，更多地考虑到住房的舒适程度，有足够的空间、优雅的环境等。

2. 项目优化

房地产开发的整个过程需要 2 ~ 3 年的时间，目标市场的分析实际上是一个预期、动态的分析过程。国内房地产市场发展迅速，产品更新速度快，因此项目优化始终贯穿于整个项目的全过程，从房型设计、平面规划到总价区间、购买力分析，营销人员参与整个过程。

3. 渠道多样化且双向性

随着传播媒体技术的发展和房地产市场的不断成熟，借助各种不同媒体的力量，利用媒体交错使用达到预期的销售目标将成为更合理的选择。由于沟通是双向互动的，利用平面、立体和网络渠道等信息传播方式的组合，才能使这种变化得到充分的体现和及时的反映。

4. 服务延伸

房地产市场营销进入立体结合阶段，服务的内涵已覆盖了项目前期的选择、项目中期的施工和项目后期的竣工交房，还包括售后的中介服务。服务的外延包括房地产一级、二级和三级市场，让购房者享受全过程式的服务。

（三）5S 规则

房地产市场营销中的 5S 规则是房地产市场营销人员通过长期实践活动总结出来的规律，在实际中具有重要的指导意义。5S 是指速度（Speed）、微笑（Smile）、真诚（Sincerity）、机敏（Smart）、研学（Study）。

1. 速度（Speed）

强调在房地产市场营销活动中要注重办事速度和效率。处理业务的时候要快捷，办事安排要程序化，注重沟通技巧和协调能力等。在接听电话、通知变化事项、预约和赴约、交款、倾谈等具体事项中能够快速、准确、无误地操作。

2. 微笑（Smile）

在与客户交往中要提倡微笑服务，强调通过外表健康的、体贴的微笑体现出对客户的理解和宽容，以获取客户的信任和认可，但要把握好度。

3. 真诚（Sincerity）

一方面努力做到真诚待客，另一方面也要通过恰当的表现让顾客感受到你的真诚。房地产营销是通过为人服务创造业绩的，树立形象应从真诚开始。

4. 机敏（Smart）

机敏即精明、整洁、利落，强调房地产市场营销活动中要做事情清楚，好而快，以灵活巧妙的工作态度来获得顾客的信赖。

5. 研学（Study）

房地产市场营销人员需要持续不断地研究顾客心理、接待技术、房地产知识和市场资讯，累积足够的专业和实践知识才能为顾客提供高质量的服务。

三、房地产市场营销的理念创新

房地产市场营销的理念创新表现在以下几个方面。

（一）品牌营销

房地产品牌是由房地产开发商在进行房地产产品开发经营的同时，有计划、有目的地设计、塑造，并由社会公众对于房地产产品的品质和价值的认识而确定的企业标志或商标，是公众对房地产产品理性认识和感性认识的总和，房地产品牌是一个多维网络结构的动态系统。房地产品牌可以分为项目（楼盘）品牌和企业品牌，其中项目品牌是企业品牌的基础。房地产品牌的树立比较困难，但树立后则比较稳定，要凸显出企业品牌而不是项目品牌，因为项目品牌的生命周期比较短且受到地域的限制。

品牌具有特定的属性，这种属性需要转化成功能和情感利益，顾客购买的不是属性而是利益。品牌往往象征了一定的文化，体现了企业的价值感，还代表着鲜明的个性特征，体现了购买和使用该产品的与众不同。

房地产企业之间的竞争已逐渐从价格竞争、规模竞争、质量竞争、功能竞争发展到品牌竞争。品牌对开发商和购房者的意义重大，房地产企业不能形成垄断地位，但品牌可以形成垄断优势；购房者为满足受尊重和自我实现的需要，会更加注重品牌。打造品牌楼盘，树立品牌形象，走品牌化发展道路，将成为房地产企业的主要营销策略。

房地产品牌营销可以分为以下十个步骤。

第一，建立房地产品牌管理组织。房地产开发企业内部的品牌管理组织，一般由副总、品牌委员会、品牌经理等人员组成。必要时聘请外部品牌管理的专业机构参与企业的品牌规划和建设，以提高企业的品牌管理水平。

第二，制订房地产品牌创造的计划与预算。房地产品牌创造设计包括品牌战略宗旨、目标、进度、具体措施，参与品牌建设人员的职责、激励，以及整个过程的预算等。

第三，房地产品牌定位。通过市场调研与目标市场的细分，找到合适的细分购房群，并分析这一群体心目中共同的关键购买诱因。同时了解清楚目前市场上有没有相应的强势品牌，分析其他品牌的优劣势。

第四，实现企业观念的转变，从重视实体质量转向认识质量。观念的创新是营销创新中最重要的。要实现从实物营销转变为品牌营销的观念，就必须对产品、市场、资本、管理制度和企业文化的各个层次进行系统有机的整合。房地产产品的质量应包括建筑质量、服务质量、环境质量等多个维度。

第五，房地产品牌设计。房地产品牌设计包括品牌视听识别体系、品牌个性定义、品牌核心概念、品牌延伸概念等四大内容。

第六，以文化的建立与管理制度的创新作为品牌建立的基础。通过分配、激励和约束机制等在内的制度创新为品牌建设提供保障。

第七，品牌整合营销传播。首先设计出符合某一特定时期购房者购买动机的品牌定义，将此作为阶段性的品牌形象。其次制作各种传播品设计，改善和调整产品、服务、价格、销售渠道，表现出统一的品牌定位与形象。再次与购房者进行互动式的沟通。最后对传播情况进行跟踪监测，根据监测到的问题及时调整传播方式，为下一轮传播提供调整依据和建议。

第八，实施持续与扩大的整合传播。企业要有长期战斗的准备，而且要随着市场环境的不断变化对细分市场和潜在购房者进行个性与共性重组，建立以购房者为核心的主要利益关联方的数据库，与顾客建立起长期互动的信赖关系，通过产品个性化设计、建造、销售和售后服务，逐步培养购房者对企业产品的高满意度与高忠诚度。

第九，形成广泛认同的房地产品牌形象。房地产品牌运营的目的是使特定的房地产品牌设计能够为广大购房者所接受，并在购房者心中形成高度认同的房地产品牌印象。

第十，房地产品牌评估。通过外部权威机构对房地产企业品牌的无形资产进行评估，确定为企业量化的资本财富，这是将房地产品牌资产运作和资本运作相结合的必要手段。

（二）关系营销

关系营销强调通过企业与购房者进行的双向沟通，建立长期稳定的对应关系，在市场上树立企业和品牌的竞争优势。营销理念的核心是让顾客满意，主张重视购房者导向。对于购房者来说，在发生交易之前，都会对开发商提供的产品和服务有所期待，在获得产品和服务之后，自然会对产品和服务进行评价。开发商能否站在购房者的角度思考问题，向购房者提供达到或超过购房者心理预期的产品和服务，是建立和维持与购房者良好关系并取得营销成功的关键。例如在销售渠道上，开发商应尽可能地考虑如何给购房者以最大的方便，设立便捷的销售网点或通过互联网进行双向式交流，提供免费看房直通车、进行全程服务代理等。

（三）文化营销

房地产文化营销就是房地产营销过程中注入文化的精髓。随着人们生活水平的提高，对住房的要求已不再是遮风挡雨那么简单。开发商在实施文化营销以满足购房者居住文化需要时，可以更好地提升建筑的品位与魅力，改善建筑的社会文化环境，增加房地产的附加值，从而达到企业、购房者和社会的"三赢"。

购房者对住房的选择体现了其生活品位和生活态度。购房者选择住房时已不限于质量、造型、配套等有形产品，对居住小区文化设施的要求越来越高：不仅关心周围文教单位的数量、配置和距离，而且愈来愈重视小区文化设施的数量、品位和小区内其他住户的文化层次。开发商不仅要注意在建筑风格上尽量体现文化内涵，还要通过富有特色的主题创意，提升住宅小区的文化价值，展现出一种高品位的美好生活蓝图。同时要注意通过高品位会所、藏书丰富的图书馆、温馨祥和的邻里中心、设施齐全的幼儿园与中小学来营造小区的文化氛围。

（四）绿色营销

实施绿色营销，首先应将绿色理念融入设计中，绿色住宅要避免粗放、浪费的模式，以最低的能源和资源成本去获得最高的效益。其次要通过绿色认证，增加社会的可信度。实施绿色营销的房地产企业获得绿色认证是非常重要的，这样可以增加企业的信誉和可信度。开发商还应将设计、开发、建筑、装修的全过程透明化，包括将使用的各种绿色建材、绿色家居等信息都披露给购房者，进行公益广告宣传，让人们了解绿色住宅的优势和对身体健康的重要性。在促销方面，也要强调绿色环保的理念。企业的环保支出应纳入产品的成本核算，因为增加了房地产产品的成本，绿色定价也相应较高，因而降低经营成本、制定合理的绿色价格是绿色营销能够成功的关键因素。

（五）全程营销

房地产开发是一项复杂的综合工程，房地产市场营销的实施应起始于项目可行性研究阶段，贯穿于项目设计、建造、销售、物业管理等整合过程。在项目前期介入的目的是了解、熟悉目标市场，为产品的市场定位提供帮助，并做出房地产投资决策，为市场推广做好准备。售后服务是项目成功的重要保证，否则购房者会怨声载道，损害企业形象。全程营销强调，房地产企业既要注重将营销观念体现在整个房地产开发过程中，也要注意与地方政府、金融机构、物业公司和其他社会组织的合作。

（六）网络营销

随着互联网的快速发展、网民数量的急剧增加，电子商务融入了人们的日常生活中。房地产销售也可以搬到互联网上进行，网上售房大幅降低了房地产销售人员的工作强度，不仅提高了房地产开发商的服务水准，同时节省了管理成本。顾客也可以在网上发出提问，且可以获得及时的反馈和响应。最近出现了房地产商和电子商务相结合的营销模式，通过强强联合、优势互补、公开透明的销售方式达成交易，这种方式受到了一定的青睐。甚至随着网络社交媒体应用的推广，在网络社交媒体上发布及时的房地产信息促成交易，也是一种全新的营销模式。

但是，目前网络营销还存在着局限，主要体现法律保护和网络安全技术方面，渠道的安全性对于房地产这样的大宗商品交易来说仍然不够；另外还有购房者在消费观念上比较难于接受在互联网上进行房地产产品的交易，来自心理层面的压力也是不容忽视的。房地产网络营销目前虽然受到一些限制，无法占据房地产市场营销的主流位置，但这一模式能促使交易更便利、更及时、更节约，随着网络交易法律法规的完善、技术进步和购房者心理层面压力的减少，房地产网络营销很可能占据主导地位。

第二节 房地产产品策略与价格策略

一、产品定位的方法

从实际的产品定位活动来看，两阶段产品定位法和三层次产品定位法运用得最为广泛。

（一）两阶段产品定位法

该方法主要包括两个阶段：第一阶段，确定房地产产品的基本用途和开发周期；第二阶段，确定房地产产品的规划设计、开发形态与开发方式。在第一阶段，房地产企业首先必须深入了解土地自然条件，一般来说，土地面积越大，形状越方正规则，价值和发展空间就越大。其次，还应研究土地使用的条件、总体规划情况、是否有用途管制或其他限制、周边土地的使用情况。一般来讲，单独通过批租转让或转让取得的土地使用权比通过合建取得的土地使用权的产品定位空间和自由度大，因为在合作开发下，提供土地的一方会提出一些附加条件。在第二阶段，房地产企业的定位目标是使企业创造和增加产品附加值。需要考虑如下因素：相关的城建法规和政府政策限制，比如容积率的分配、楼层高度限制和用途管制等；市场需求特征，比如潜在购房者的价格可接受区间和需求偏好等；相对报酬及其风险，比较不同楼盘设计的成本收益等的差异性。

（二）三层次产品定位法

该方法是指依据影响项目所在地的环境范围大小来划分的市区级层次的一般因素、商圈层次的区域因素、项目所在地层次的个别因素，其实质是由整体到局部、由表及里、由外至内地对房地产产品进行分析研究。划分三个层次的目的是帮助房地产企业掌握环境分析与评估范围，能够帮助策划人员系统全面地分析评估自然地理与社会人文环境。另外，三层次产品定位法的运用也必须围绕产品的性质来实施。

二、产品定位的策略

（一）产品生命周期策略

产品生命周期策略是指房地产企业根据产品所处的不同生命周期采取不同的策略行

为。房地产开发企业除了把精力放到产品质量上，还应注意不同时段的销售策略。房地产产品的生命周期阶段划分与应对策略如下。

1. 引入阶段

在房地产产品引入阶段，销售额不大，市场狭小，利润增长极为缓慢。产品的内在价值还没有完全展现出来，目标顾客的消费观念还没来得及转变，这样使得房地产价格标准很难确定下来。广告和其他推销费用数额巨大，这时利润很少，企业面临的市场风险较大，市场预测失误或产品定位不准都会严重影响企业的生存。在这一阶段，企业必须尽快告知潜在购房者该产品的独特价值和内在功能。

（1）快速夺取战略

房地产开发企业通过实施高价格、高促销费用的策略来迅速实现扩大市场占有率的目标。

（2）缓慢夺取战略

如果房地产开发企业面临的市场比较小，大多数潜在购房者已经对本产品有了深入的了解。同时，企业的竞争压力不是很大，可以采取高价格、低促销费用的策略来缓慢实现市场销售目标。

（3）快速渗透策略

快速渗透策略是指房地产开发企业实行低价格、高促销费用的销售策略，应用范围比较普遍。该策略实施的前提是目标市场容量很大。潜在购房者对价格的变动趋势非常敏感，市场竞争程度又很激烈。该策略的主要目的是快速夺取市场份额。

2. 市场成长阶段

产品销售量急剧上升，市场中的潜在购房者已经对该产品有了非常深刻的了解，市场份额不断扩大，利润量也急剧增加，是成长阶段的主要特征。对于房地产企业来说，市场成长期是最为有利的销售阶段。企业要抓住这一机会，执行正确的市场策略，推动产品市场竞争能力的上升。在该阶段企业应把宣传的重点从扩大产品认知度转移到努力促成现实购买上来，同时根据市场形势的发展变化，适当地使用价格策略吸引潜在购房者，扩大市场占有率。

3. 市场成熟阶段

成熟阶段的市场销售量主要依靠已购房者带动潜在购房者的购买愿望来维持，所以买房的后续服务应跟上，销售量不可避免地会下降。企业的应对策略主要有适当改进产品功能与弥补不足，重新确定细分市场来扩大潜在购房者群体，争取声誉传播来促成购买等。

4. 市场衰退阶段
产品出现滞销、利润下降是该阶段的主要特征。房地产开发企业应着手总结该产品的开发销售经验，逐步退出原有的细分市场，并集中资金和技术为新产品的上市做好准备。

（二）产品差异化策略
产品差异化是指在房地产产品的设计、开发、服务过程中形成的各种特点，从而使企业为市场提供的房地产产品与竞品能够有效地区别开来。差异化策略的基础在于不同购房群体的需求存在差异性。差异化的优点是不但满足了目标市场购房者的需求，而且能为潜在竞争者设置进入障碍，并给开发商带来丰厚的边际利润。在采取差异化策略时，应避免不了解购房者真实需求偏好而主观臆断地开发差异化产品，差异化程度太高会导致市场容量过小等问题。差异化可从以下四个方面实施。

1. 特色差异化
特色就是指房地产产品基本功能的增加和补充，例如，设置大型草坪提高住宅小区的生态环境水平。特色差异化要求房地产企业经常与潜在购房者进行沟通与交流，进行广泛的市场调查，切实把握市场发展趋势。

2. 性能质量差异化
性能质量是指房地产产品的主要功能和特色在实际使用时体现出来的水准，主要体现在楼盘区位、环境、布局、物业服务等环节。房地产产品质量、价格、利润之间有不可分割的关系，因此在产品定位时要谨慎地选择与产品档次规模相符的质量性能水平。

3. 建筑风格差异化
房地产消费者对于房地产产品的视觉效果和直观印象是非常重视的，房地产产品是工程技术、文化等诸因素的完美结合。越来越多的房地产开发商意识到建筑风格的重要性。在实践中，将民族特色融入产品的开发设计是最大的挑战之一。

4. 设计差异化
房地产企业的产品设计是市场营销战略中的关键环节。设计方案的选择和确定直接关系到产品的市场竞争力。产品的设计工作展示出企业整体的形象和品牌优势，而这也是一项专业性很强的技术工作，房地产开发企业在考虑设计艺术性、美观性的同时，不能忽略房地产产品最基本的实用性。

（三）产品组合策略

房地产产品组合是指一个房地产企业生产销售的全部产品结构。产品组合包括深度、广度和关联度三个层面的内容。产品组合策略能有效化解经营风险，房地产企业大都实施产品组合策略。常见的产品组合策略有以下四种：

1. 综合发展策略

资金实力非常雄厚，经营管理能力强的大型房地产集团采用综合发展策略最为合适，效果也最明显。因为大型房地产集团能够拓展产品的深度和广度，为不同购房者提供不同类型的房地产产品。这样的策略可以较好地分散经营风险，扩大市场占有率，提升企业品牌的知名度。

2. 广度扩展策略

中小规模的房地产开发企业适合采取扩大产品广度的战略，如把目光瞄准住宅市场、商业用房、写字楼等市场，这样可以有效地利用资金、技术以及销售渠道，分散经营风险。同时应把握广度战略的程度，避免企业的产品开发管理陷入混乱，缺乏重点。

3. 深度扩展策略

小型的房地产开发商适合通过扩展产品深度来参与市场竞争。例如，企业集中资金、技术和管理经验投入住宅市场，既开发出适合普通工薪阶层的经济适用房，又开发出适合都市白领居住的高档商品房，还有适合特别富裕群体的花园别墅等。深度扩展战略可以使产品实现系列化、标准化、通用化，加快新产品开发速度，尽快确立目标市场的局部竞争优势。

4. 产品细分化战略

房地产企业在市场细分活动的基础上，选择某一批购房者的特定需求未被满足的细分市场作为目标市场。

（四）产品创新策略

房地产企业的创新活动有利于促进企业的成长，维护市场中的竞争优势。开发新产品可以减少因原有产品滞销造成的经济损失，可以提高资源使用效率，降低开发成本，维护企业竞争优势，争取更多的市场份额，有利于企业提高自身适应环境的能力，帮助企业渡过经济萧条或市场不景气的难关。房地产企业在开发新产品的过程中，应坚持适销原则、特色原则、客观原则和效益原则。

房地产新产品可以分为以下四类。

1. 全新产品

全新产品指房地产企业采用新技术、新材料、新原理制造的，在性能结构造型上都有独到之处的产品。从房地产开发实践来看，这样的新产品开发成本高，一般很少出现。

2. 替代新产品

其特点是将新功能和原有的产品相结合，使产品具有新的功效。替代新产品保留了原产品的基本功能，但是增加了新的使用价值。由于它开发成本低、效果好，再加上原有的开发经验，其新功能比较容易被广大消费者接受。

3. 改良新产品

这种新产品的实质与原有产品基本没什么不同，只不过将原有产品的外观、造型、式样进行了适度的改良。

4. 模仿新产品

由于房地产行业产品的保密性很低，户型等相关技术的模仿就很容易。模仿新产品也是不错的产品创新策略，其好处是可以降低开发成本，减少市场调查等工作环节，迅速参与到市场竞争中去。

三、房地产价格策略及影响因素

房地产价格策略是指房地产开发企业根据房地产商品的生产成本和使用价值，应对市场的反应，而对房地产商品在价格的决定和变动方面所采取的各种措施，使得企业利润实现和利润控制在一个合理的范围内。

除了购房者的价格意识和对房地产商品的价值判断会影响企业实施的价格策略之外，房地产价格策略还会受到以下三个因素的影响。

第一，企业的整体营销战略与策略。房地产企业在从事市场营销活动的过程中，需要考虑各方面因素，制定整体营销战略。价格策略作为市场营销决策体系的重要组成部分，既要服从于市场营销战略目标的实现，又要配合与其紧密相连的其他策略（如产品策略、渠道策略和促销策略）。从营销渠道看，选用不同的营销渠道就会有不同的价格；此外，促销手段与方式也往往要和价格策略配合使用，才能收到预期的效果。因此，价格策略要受到整体营销策略的影响。

第二，企业所处的市场竞争环境。房地产企业所处的市场结构及其在该环境中所处的地位也会影响企业的价格策略。价格策略需根据市场结构、企业在市场结构中的地位、竞争对手的价格策略来确定。不同类型的市场有不同的运行机制和特点，对企业行为具有不同的约束力，企业必须根据其所处的市场结构做出不同的价格决策。市场领导者首先考虑的是稳定价格，并保持市场领导者的地位；市场追随者则会基于自身实力并根据市场领导者的行动做出决策；市场挑战者则会为了在市场站稳脚跟或提高自己的竞争地位并成为市场领导者而发起价格挑战。竞争对手的价格水平及价格变动会直接影响房地产开发企业产品的销路以及竞争地位。

第三，企业追求的营销效果。营销效果可以分为短期营销效果和长期营销效果。一般来说，在各个时期有不同的侧重点，短期效果以增加收入为主；长期效果则主要是为了提升企业形象。如果是追求短期效果经常使用高价策略，快速获取高额利润，回笼部分资金。如果是追求长期效果，则不能着眼于眼前的利益，甚至在必要的时候还得牺牲一些眼前利益。

四、房地产价格的定价目标

房地产价格的定价目标服从于企业的经营目标，是房地产商品定价运作中定价方法和价格制定策略的依据，企业的定价目标主要包括以下四种：

（一）以获取利润为目标

1. 获取最大利润目标
商品房的价格一般介于与成本基本持平的最低销售价和市场可能接受的最高销售价。最大利润目标会导致高价策略，但价格高到什么程度才能既保证企业利润的最大化，又能使购买者承受得了，是企业需要周密考虑的着眼点。

2. 获取平均利润目标
房地产商为了获取平均利润，其价格定位可以有两种参照：一种是把价格定位于上述最低销售价和最高销售价之间；另一种是把价格定位于同行中大多数企业的一般利润水平。

（二）以市场份额为目标

刚刚进入房地产业的企业，其定价目标是大幅度增加销售量，为了提高市场占有率，而不惜放弃利润目标，甚至可能是轻微的亏损。从长期来看，能提高市场份额的低价策略既可以排除竞争，又能提高利润率。当需求对价格比较敏感时，企业要有规模效应，较低价格策略才能生效。

（三）以回笼资金为目标

房地产业与其他产业不同，它投资大、周期长，企业大都是高负债经营。因此，为了降低投资风险，减少贷款利息支出，许多房地产开发企业，尤其是中小型的开发企业，往往以回笼投资资金为目标，薄利多销。

（四）以维持企业生存为目标

如果市场需求发生变化导致建成的商品房积压滞销，就会造成企业在资金周转上的困难。在这种情况下，企业就不得不以维持生存作为首要目标。以生存为目标的产品价格的最低限就是变动成本，只要定价能大于变动成本，就意味着除了能收回变动成本之外，还能收回部分的固定成本，这样企业就能够继续维持营业。当然以维持企业生存为目标只能是作为企业的短期目标，渡过难关后必须提高价格。

五、房地产价格的确定方法

房地产价格的确定方法有成本导向的定价法、需求导向的定价法和竞争导向的定价法。

（一）成本导向的定价法

成本导向定价法是一种以成本为中心，按卖方意图进行定价的方法。在定价时，首先考虑收回企业在生产经营中投入的全部成本，然后再考虑获得一定的利润。以成本为导向的定价方法主要有以下三种：

第一，成本加成定价法，是在单位产品成本上附加一定的加成金额作为企业预期利润的定价方法，确定一个合理的加成率是问题的关键。它没有考虑市场需求和竞争因素的影响，是一种卖方市场条件下的定价方式。

第二，目标收益定价法，是在总成本的基础上，按照目标收益率的高低计算产品价格的定价方法。目标收益定价法和成本加成定价法的区别在于前者着眼于产品的总成本，而后者则着眼于产品的单位成本。只有在预测的总成本和预计的销售量都比较准确的情况下，才能制定出合理的目标收益价格。对于需求比较稳定的产品、供不应求的产品、需求价格弹性比较小的产品和一些公用事业、劳务工程项目等，目标收益定价法是一种有效的定价方法。

第三，盈亏平衡定价法，即在销售量既定的条件下，企业产品的价格必须达到一定的水平才能做到盈亏平衡、收支相抵，这个既定的销售量就是企业的盈亏平衡点。准确地预测销售量和固定成本、变动成本是盈亏平衡定价的前提。盈亏平衡定价法的缺点在于要先预测产品销售量，由销量来决定价格，现实情况却是价格的高低对销售量有很大影响。这种定价方法只在企业产品销售遇到困难或市场竞争激烈时，才将保本经营作为定价目标。

（二）需求导向的定价法
以需求为导向的定价方法主要有以下两种。

1. 需求差异定价法
需求差异定价法是指在给产品定价时可根据不同需求强度、不同购买力水平、不同购买地点和不同购买时间等因素，采取不同的价格。先区分各种差异情况，然后再在基础价格上决定加价或减价。它主要有以顾客为基础的差别定价、以产品为基础的差别定价和以时间为基础的差别定价。

对房地产商品而言，最主要的是以产品为基础的差别定价。由于房屋的层次、朝向、位置等因素的不同，房地产商品的价格具有很大的差异，具体来说有以下六种情况：楼层差价、朝向差价、边间差价、面积差价、视野差价、材料和设计结构的差异。例如，高层、小高层定价由低往高逐渐上升，因为越往高层，景观越好，但最后一层由于隔热不好或由于房顶有通信设施，价格比倒数第二层便宜。房屋朝南是最佳的朝向，其他朝向中，东次于南，西再次，朝北的最差，房价也相应依此变化。

2. 价值认知定价法
价值认知定价法是以消费者对于企业产品的认知价值而不是以该产品的成本作为定价基础。消费者对房地产商品价值的判断不同，就会形成不同的价格限度。因此，企业首先要通过市场研究确定其产品由于质量、服务、广告宣传等因素在顾客心目中所形成的认知价值，据此确定产品的售价。企业如果过高估计消费者对产品的认知价值，就可能定出过高的价格，影响销售；企业若低估了消费者对产品的认知价值，就会使其定价低于应有的水平，减少企业的收入。

（三）竞争导向的定价法
以竞争为导向的定价方法主要有以下两种。

1. 随行入市定价法
随行入市定价法指企业把同行业相互竞争的同类商品的价格作为定价依据，对本企业的产品进行定价的方法。当产品成本的测定较为困难，竞争对手的价格策略不易把握，以及企业希望得到公平的报酬，而又不愿意打乱现行的市场格局时，企业往往采用这种定价方法。企业可以根据市场的结构决定是追随市场领导者定价，还是采用市场一般价格水平定价。房地产开发企业在采取随行就市定价时，要着重把握其中的降价策略。当竞争对手采取降价策略时，企业要慎重考虑是部分追随降价，还是全部追随降价，或者是保持原有价格水平。

2. 主动竞争定价法

主动竞争定价法指根据本企业房地产产品与竞争对手产品的差异以及自身的实力水平来确定价格的方法。企业要在对比分析自身房地产商品与竞品的区位、质量、设计的基础上，确定本企业产品的特色和优势并确定价格。主动竞争定价法一般被实力雄厚以及产品独具特色的企业所采用。

六、房地产价格的制定策略

房地产价格的制定策略有新产品定价策略、心理定价策略、声望定价策略、分级定价策略和招徕定价策略。

（一）新产品定价策略

房地产新产品定价策略主要有以下三种。

1. 撇脂定价策略

撇脂定价策略是一种高价策略，是指房地产开发商为了在短期内收回投资并获取较大利润，对新开发的楼盘在刚刚导入市场时制定较高的价格。在这种策略下，房地产商品的主要销售对象是那些高收入的购房者或猎奇者。当企业设计某种新房型或使用新材料的产品进入市场的时候，竞争对手尚未进入，消费者对新产品尚无理性的认识，这时候产品的需求弹性小，利用消费者求新、求异的心理，以较高的价格刺激消费，开拓早期市场。但是当新产品声誉还未建立起来的时候，高价不利于打开市场、增加销量，容易导致新产品开发的失败，甚至有可能招致公众的反对和消费者的抵制，不利于企业的公共形象。

2. 渗透定价策略

渗透定价策略是一种低价策略，即将新楼盘以比较低的价格投放市场，以吸引消费者、增加销售量从而占有较大的市场份额。这种策略的优点是，企业可以利用低价迅速打开销路，占有较大的市场份额，薄利多销。如果企业生产具有规模效应的话，还可以降低成本。较低的价格有助于排斥竞争者的进入，使企业在较长时间内都能处于稳定的领先地位。其缺点是延长企业的投资回收期，给企业带来较大的财务风险。另外，一开始就把价格定得比较低，一旦发现定价有误，企业就会处于被动的地位，很难调高产品的价格。

3. 满意定价策略

满意定价策略即介于撇脂定价策略和渗透定价策略之间，能兼顾企业和消费者的利益，使双方都比较满意。满意价格策略的优点是价格比较稳定，产品能较快地为市场所接受，成功的可能性比较大，而且不大会引起竞争对手的对抗，可适当延长产品的生命周期。缺点是利润率和产品市场占有率都不大。

对于房地产企业来说，应该根据市场需求、竞争程度、价格弹性和企业的发展战略等因素，因地制宜地选定最合适的策略来制定企业新产品的价格。

（二）心理定价策略

心理定价策略是为适应和满足消费者的购买心理而采用的价格制定策略。企业在制定价格时运用心理学原理，依据不同类型的消费者在购买商品时不同的心理要求来制定价格，以诱导消费者购买更多的产品，扩大企业销售量。它具体有以下两种策略：

1. 整数定价策略

房地产商品在定价时往往把其价格定成整数，而不带尾数，使消费者产生一种"一分钱一分货"的心理感觉。这样会使价格上升到一个比较高的档次，以满足消费者的某种心理需求。

2. 尾数定价策略

该策略是利用消费者在购买商品时求廉的心理，定成有尾数的价格。

（三）声望定价策略

针对消费者"价高质必优"的心理，利用本企业的声誉及消费者对品牌的忠诚度对产品进行定价。在长期的市场经营中，有些企业的产品在消费者心目中有了一定的威望，形成了品牌效应。消费者认为其产品质量高、服务优，愿意支付较高的价格。

（四）分级定价策略

分级定价策略把同类商品分为几个等级，不同等级的商品具有不同的价格。这种定价策略能使消费者产生货真价实、按质论价的感觉，容易被消费者接受。例如，企业将开发的楼盘分成小区绿地广场周围的中心区域、副中心区域等，再对不同区域的商品房制定不同的价格。但应注意划分的等级要适当，级差不能太大或太小。

（五）招徕定价策略

经营多种产品的企业对某些产品定价定得很低以吸引顾客，目的是招徕顾客购买低价商品时，也购买其他产品，从而带动其他商品的销售。"低开高走"的方案就属于招徕定价策略。

七、房地产价格的修订策略

房地产企业为了提高竞争力和实现经营战略的需要，经常会给价格规定一个浮动范围和幅度，再根据不同的销售环境，灵活地修订价格，使价格与市场营销组合中的其他因素更加紧密地配合，以促进和扩大销售。其主要目的是吸引顾客，扩大销售而给予购房者折扣和折让。它主要有以下四种修订策略。

（一）现金折扣策略

现金折扣是房地产企业经常使用的一种价格折扣与折让策略。它是指房地产企业为了加速资金周转，减少坏账损失或收账费用，减少财务风险，而给予用现金付款或在规定期限内付款的购房者在价格方面的优惠。现金折扣一般按照约定的期限来确定不同的折扣比例。例如，若购房者在10天内付款则可享受2%的折扣，20天内付款可享受1%的折扣。

（二）数量折扣策略

这是房地产开发企业为鼓励顾客大量购买和集中购买而给予顾客的一种价格优惠。折扣数额可以按购买产品数量计算，也可以按照购买金额计算。采取这种策略主要是鼓励顾客和本企业建立长期稳定的关系。

（三）功能折扣策略

这是房地产开发企业根据中间商所处的不同地位和所起的不同作用，而给予中间商的折扣。功能折扣的比例根据中间商在销售渠道中的地位、对企业产品销售的重要性、承担的风险以及产品在分销中所经历的层次和在市场上的最终售价确定。功能折扣的目的是对中间商经营的有关产品的成本和费用进行补偿，并让中间商有一定的盈利。

（四）推广折扣策略

这是房地产开发企业向为其项目楼盘进行广告宣传、展销、促销等活动的房地产代理商或经销商所提供的价格折扣，作为其推广活动的报酬，以鼓励代理商和经销商积极为房地产开发企业进行宣传。

八、市场竞争中的价格调整策略

产品价格确定以后，由于外部情况突然发生变化，因而需要对确定的价格进行调整。例如，市场供求环境发生了变化，企业的生产成本发生了变化，竞争对手的策略发生了改变，国家政策或行政法规发生了变更，等等。

（一）价格调整应考虑的因素

1. 潜在购房者对价格调整的反应

潜在购房者对价格调整的反应是检验调价是否成功的重要标准。它主要是研究潜在购房者如何理解这次调价以及消费者心理的变化，从而采取有效的措施。对于调高价格，潜在购房者可能会认为：该房地产商品质量优越，房地产开发企业想多获利，产品供不应求，销售情况与市场反应都很好，等等。对于降价，潜在购房者则会认为：房地产产品的质量可能有问题，想降价以尽快出手；房地产开发企业资金周转可能有困难，想回收资金；房型或朝向不好的剩余房地产商品在做促销；价格可能还会再降，不妨等一等。

2. 竞争者对本方价格调整的反应

房地产开发企业在调整价格时，不仅要考虑购房者的反应，还要认真对待竞争者的反应，竞争者有可能会采取意想不到的行动。调价前，企业必须了解竞争者的财务状况、近年来的开发建设和销售情况、消费者的忠实度、竞争者的企业目标，以及竞争对手的优势和劣势等情况。如果房地产开发企业掌握的历史资料比较丰富，则可以运用统计分析方法，分析竞争者应付价格变动的策略。

（二）价格调高的策略

当企业不管是因为内部因素还是外部因素而调高价格时，需要运用一定的技巧和方法，主要的技巧和方法有以下两种：企业通过公共关系、广告宣传等手段，在购房者认知的范围内，告知产品各组成部分价格上涨的真实情况，争取获得理解，减缓或消除消费者对价格上涨的抵触情绪；为了减少消费者对涨价而感受到的压力，企业可以在产品质量上多下功夫。

（三）价格调低的策略

为了适应市场环境或内部情况的变化，有时需要下调价格。调低价格的方法与技巧有以下几种：在价格不变的情况下，改善产品的质量、增加产品的功能；增加折扣，或者在原有折扣的基础上，扩大各种折扣或折让比例。

第三节 房地产营销渠道策略及促销策略

一、房地产营销的渠道与特点

房地产营销的渠道是指房地产商品由房地产开发企业流向最终用户的方式，主要由经销商和代理商组成，有直接渠道和间接渠道两种方式。直接渠道是指房地产开发企业通过自己的营销人员直接销售其房地产产品的行为，简称为直销或自销。间接渠道是指房地产开发企业通过中间商将产品销售给消费者的一种营销方式。其中，房地产中间商是指处在房地产生产者和消费者之间，参与房地产商品流通业务，促进买卖行为发生和实现的机构或个人。房地产中间商的类型有两种，即按其是否拥有房地产商品所有权可分为房地产经销商和房地产代理商，由于房地产产权转移涉及巨额资金，间接渠道一般以代理商为主。

房地产营销直接渠道的适用范围：大型房地产开发企业往往拥有自己专门的市场营销队伍和世界或地区性的销售网络，它们提供的自我服务有时比委托代理更为有效。因为本企业的人员更可能全力地为企业促销产品，从而可以对促销进行很好的控制。当市场为卖方市场时，由于市场供不应求，只要有楼盘推出就会有很丰厚的利润，房地产开发企业往往不需要专业的销售队伍，更不必委托他人销售。自身素质优良、市场反应非常好的项目，有时不需要房地产代理机构也能很快地租售出去。当企业所开发的房地产项目已有比较明确甚至固定的买家时，也无须再委托房地产代理机构。例如，房地产项目在开发前就已经预售给某些业主了，甚至是业主已支付部分或全部建设费用。

房地产营销直接渠道的优点：房地产开发企业直接面向市场，了解购房者的需求、购买特点以及变化趋势，可以及时做出相应的经营决策，更好地满足消费者的需求；可以缩短房地产商品的流通环节，减少流通费用，降低营销成本；为消费者提供特殊的服务，比如消费者对物业形态、结构、色彩以及室内装修等的不同要求，有利于企业扩大市场影响力、提高企业声誉，以及树立企业品牌形象。

房地产营销直接渠道的缺点：房地产直接营销会占用企业一定的人力、物力和财力，分散企业经营决策层的精力，可能会使企业顾此失彼，开发建设和营销两方面都受影响；独立承担全部风险，因而风险较高；营销网络、营销能力以及对市场信息的了解程度毕竟不如专业的中间商，有时会影响营销速度，延长项目周期，不利于企业的资金周转。

房地产营销间接渠道的优点：可以集中人力、财力和物力，专心于房地产项目的开发。同时，中间商的介入加快了房地产商品的流通速度和企业资金的周转速度，可以提高房地产开发企业的经营效益；房地产经销商的介入，提高了资金回收的速度。房地产代理商的介入，加快了房地产产品的营销速度，也间接起到了分散房地产开发企业经营风险的作用。中间商通常都会为消费者提供交易流程的相关服务，大大简化了交易手续，节约了购房者的时间和精力。

房地产中间商的主要经营目标就是推销房地产，把房地产产品的所有权或使用权尽快传送到消费者手中，实现房地产商品的价值和使用价值。中间商在承揽房地产营销任务后，通常会实施各种促销手段，从而保证房地产开发企业尽快完成资金回收。中间商对于价值评估、合同签订、产权登记、变更登记、工商税务以及金融保险等各个专业领域都有较为丰富的专业知识和经验积累，可以为房地产生产者和消费者提供相关的咨询服务。中间商可以利用自身的资质、商业信誉和特殊渠道，从中做大量的协调、融通工作，帮助房地产开发企业向银行争取建设贷款，或帮助广大购房者争取住房抵押贷款。房地产开发经营必须建立在市场调查和预测的基础之上，由于中间商处于市场的第一线，对于市场需求状况、消费者心理以及市场供求的变化和发展趋势掌握最为直接和准确，因此通过中间商来进行市场调查和预测，可靠程度高。

房地产营销间接渠道的缺点：由于中间商会收取商品的中介费用，因此增加了商品的成本，转嫁到购房者身上就会提高产品价格；房地产产品在使用过程中离不开各项服务，尤其是物业管理服务，中间商在这方面的服务往往不如房地产开发企业那样及时和周到；产品信息是由中间商"转达"的，因此信息质量会有所下降；开发商无法及时了解购房者需求以及竞争对手的最新信息，不容易把握市场变化趋势。

二、房地产营销的渠道选择

影响房地产营销渠道选择的因素主要有三个。

（一）市场因素

市场因素主要表现在潜在顾客数量、顾客购买习惯和销售的阶段性三个方面。潜在购买者越多，则市场范围越大，越需要中间商来提供服务；若潜在顾客极少，则房地产开发企业可以利用自身的营销力量直接销售。顾客的消费偏好、意愿价格以及对销售人员的要求，都会影响营销渠道的选择。房地产产品从预售阶段到工程竣工阶段需要一定的时间，通常预售阶段是房地产开发企业充分利用代理商的阶段，而竣工后则可以直接营销。

（二）公司因素

房地产开发企业的规模大，资金雄厚，则较能任意选择营销渠道，可不依赖中间商的服务，自己建立销售网；但实力较差的企业则必须依赖中间商的服务。房地产开发企业在营销方面的管理能力与经验影响营销渠道的选择。房地产开发企业提供的服务越多越完善，越能够吸引更多的中间商争取销售权。

（三）产品因素

房地产产品本身的特性也会对营销渠道选择产生影响，主要体现在房地产产品的价值上。例如，推出的高档公寓和别墅，目标市场比较明确，可以直接派自己的营销人员推销，而不必采用间接营销渠道；而对于一些中低价位的楼盘，由于目标客户分散，采用直销方式显得成本过高。

三、房地产营销的渠道管理

房地产营销的渠道管理主要包括渠道控制、渠道合作和渠道冲突管理三个方面内容。

（一）房地产营销渠道控制

房地产营销渠道的控制是指营销过程中房地产开发企业以各种标准制约营销渠道中各成员行为的活动过程，它应当贯穿于整个营销渠道管理过程。营销渠道控制的最终目的很明确，就是以本企业和产品为核心，实现企业经济效益最大化。

1. 制定渠道控制标准

渠道控制标准是指评估中间商各种工作绩效的具体标准，如销售目标任务、市场份额指标、广告宣传效果、信息反馈水平等。指标的制定应切实可行，以中间商经过努力即可达到为宜，指标定得过低或过高均不利。

2. 检查与修正控制标准

渠道控制标准应保持相对稳定，但市场发生较大变化时，则应适时修正。对于已经确定的标准，应充分做好沟通工作，使中间商心悦诚服地接受。此外，企业应按期及时以既定标准评估中间商的工作绩效，对达标者给予规定的激励，而对绩效较差者，应帮助其分析失误原因，不应轻易中止合作合同，更换中间商。

3. 强化对中间商的监督

这样做主要是为了防止中间商在营销过程中有违反法律法规和商业道德的行为。例如，协助政府有关行政部门加强对房地产经纪人的管理，促使经纪人奉公守法，合法经销。

4. 对营销渠道进行评估

房地产开发企业应定期对营销渠道做整体性的评估。当营销渠道的运作严重偏离控制目标并难以纠正时，应当考虑及时修正和调整营销渠道结构。

（二）房地产营销渠道合作

房地产营销渠道合作包括了解中间商的需求和对中间商的激励。

1. 了解中间商的需求

中间商会根据市场需求决定自己需要选择什么样的房地产开发企业，合作管理的第一步是开发商去了解中间商的要求，然后在保持独立性的基础上尽量满足中间商的要求，使产品适销对路，并调动中间商的积极性。房地产开发企业一般要考虑中间商需要的是什么样的适销产品。房地产开发企业在注重产品质量的同时应注意产品功能和式样的创新，以符合市场需求的潮流。房地产开发企业要为中间商提供必要的人力、财力、物力的支持，才能更好地实现既定销售目标，例如提供营销人员的培训、专业技术的支持等。

2. 对中间商的激励

为了使整个营销系统能够有效运作，合作双方的良好关系能够维持长久，渠道管理中的一个关键点就是如何增强维系双方关系的利益纽带。因此，对中间商的激励机制就显得相当重要。特别要注意的是，房地产开发企业建设营销渠道不是一蹴而就的，也不是一劳永逸的。中间商的激励机制，不管是手段还是效果，都应当注意其持续性。

（三）房地产营销渠道冲突管理

中间商与房地产开发企业的利益目标是有所差异的，所以不管营销渠道选择得多好，控制和管理得多好，两者之间总是会存在或大或小的冲突。营销渠道冲突是指渠道成员的某一方或几方利用某些优势和机会对其他成员所采取的敌意行为，这种敌意行为会阻挠或伤害其他成员的利益，但可以使本方得益。

房地产营销渠道冲突管理是指房地产开发企业通过建立一些特定的机制来发现并解决营销渠道的现有冲突和潜在冲突的行为。其目的在于消除渠道成员间的敌意行为，保证营销活动的顺利进行，树立企业在消费者心目中的整体形象。冲突管理的解决方法主要有以下几种。

第一，设立共同目标。共同目标是指通过渠道成员共同努力，以达到单个成员所不能实现的目标，其内容包括市场份额、顾客满意度等。这种情况经常发生在该渠道系统面临外部威胁时，如新竞争者的出现或购房者要求的改变，这时房地产开发企业可通过设立共同目标，联合排除威胁。

第二，加强沟通。房地产开发企业应通过加强渠道成员的沟通来消除冲突或潜在冲突，具体的方式包括渠道之间的人员互换、定期召开协调会等。

第三，劝说。房地产开发企业利用自己的权力或主导地位来化解问题，这是一种垂直方向的沟通方式。劝说实际上就是提醒渠道成员履行自己的职责，因此也是最常用的化解冲突的方法。

第四，谈判。谈判是当冲突升级到一定程度，一般的沟通已无法起到作用时采用的方法。其目的在于双方互相陈述利害关系，说服对方做出让步。

第五，调解或仲裁。调解或仲裁是当冲突很尖锐并长期存在、无法通过渠道内部沟通时，借助外在的力量来解决问题的方法。调解与仲裁的区别在于前者借助的第三方是双方都认可的或者都有亲密关系的企业或人员，而后者则常常是行业协会或其他专业仲裁机构。

四、房地产营销的促销策略

促销策略是指企业为了开展与消费者之间的全方位沟通，尽快销售自己的产品，实现整体营销目标而制定的具体的促销手段和促销活动。促销策略主要由广告策略、公共关系策略、销售推广策略和人员推广策略构成，具有吸引顾客、刺激消费、稳定销售、树立品牌等作用。

（一）房地产促销策略的实施步骤
房地产促销策略的实施步骤如下。

1. 确定促销对象
房地产促销策略的实施对象就是房地产开发企业及其产品相关的信息的传播对象。传播对象可以是本企业的已有客户，也可以是目前尚未购买本企业产品，但有可能购买产品的潜在客户，还包括那些会对产品购买决策过程产生影响的其他个人、团体或特定公众。

2. 选择促销目标
在确定促销对象以后，房地产开发企业应该确定促销目标。由于房地产产品金额巨大且涉及层面广泛，购房者购买产品的决策是一个相当复杂的过程，包含了多个阶段，因此促销目标应当根据消费者在购买产品的不同阶段来选择不同的具体促销目标。

购房者从接收信息到最终购买过程大致可以分为知晓、认识、喜爱、偏爱、确信、购买六个阶段。房地产开发企业首先要让大众知晓企业的产品，运用报纸杂志或电视等大众传播媒体进行宣传，制造声势，扩大产品影响范围；其次制作一些精美的宣传手册、海报和传单等，激发消费者的好奇心和购买欲，吸引消费者主动向销售人员询问该产品，或者到售楼现场进行参观；然后在提供品质优良的产品的基础上进行促销，促使顾客喜欢；接着给潜在购房者展示产品独特的优势，当产品获得顾客喜爱后，让消费者确信自己的选择，产生购买的冲动；最后请顾客到售楼现场，在充满亲切感的接待中心、布置精美的样板房里，配上经验丰富、熟悉消费者心理的销售代表进行合适的销售推广，采用一定的销售折扣或赠送礼品辅助，把消费者的购买冲动转化为最终的购买行为。

3. 设计促销信息

房地产开发企业针对促销对象和具体促销目标，设计和制作出能传递一定信息的宣传产品，让促销对象产生企业所期望的那种反应。制作促销信息宣传产品的要点在于以合理的成本引起消费者的注意，提起消费者的兴趣进而唤起消费者的购买欲望。

4. 安排促销预算

促销费用的多少是房地产开发企业所面临的困难决策之一，其目标当然是以较小的或者合理的投入获得最好的促销效果。可以借鉴以下四种方法：量入为出法，按企业实际承受能力安排促销费用；销售额比例法，按照企业以往或预计的销售额来安排促销费用；竞争对手法，按企业竞争对手的促销费用来安排自己的促销费用；促销目标法，按企业所需要达到的促销目标安排促销费用。每个方法各有利弊，企业应凭借经验，咨询专业机构做出合适的促销预算。

5. 决定促销组合

根据不同的促销对象、促销目标和促销信息，结合企业促销预算，就可以决定广告、公共关系、销售推广和人员推销四种促销策略的组合。一般来说，房地产开发企业要实现整体营销目标必须利用每一种促销策略，但是侧重点可以有所不同，同一种促销策略中的具体促销手段也要有所选择。

6. 协调促销过程

协调促销过程主要指根据促销效果对偏离促销目标的各种促销活动纠正协调的过程，

贯穿于整个营销策划的实施中。

（二）房地产广告促销策略

房地产广告是房地产促销策略中最为有效的一种手段，是联系房地产开发企业和潜在购房者的一条重要纽带。房地产广告策略是指由房地产企业出资，制作并通过不同媒介传播与房地产产品和服务相关联的信息产品，以达到营销目的的一种促销手段。采取房地产广告促销策略的作用在于：传递房地产信息，沟通供求双方；刺激市场需求，增加销售；介绍房地产行情，指导消费者购买；树立房地产企业信誉，建立品牌。房地产广告促销策略的要点主要有以下几点。

1. 房地产广告的基调把握

房地产广告的基调把握必须来自明晰的客户定位，还必须来自对产品特征的理解，有时候还需要考虑竞争产品的应对问题。房地产广告基调得以正确贯彻的关键是选择统一的匹配表达方式，需要一定的时间延续性。在突出所处地域特征的同时，企划人员的创意风格也非常关键。

2. 房地产广告语的撰写

通常广告语由两部分组成，分别是房地产企业、产品的有关介绍说明和广告宣传语。每个房地产项目都有自己的相对优势，突出宣传这些优势说服潜在购房者购买是房地产广告语创作构思的主要目的。房地产广告语的诉求大致有以下几点：产品性价比、区位卓越、交通方便、学区优秀、环境优美、配套设施齐全、公司信誉和优秀的物业管理等。

3. 撰写房地产广告语的原则

好的广告语可以刺激潜在购房者，达到引起注意（Attention）、引起兴趣（Interest）、创造欲望（Desire）、诱导行动（Action）的心理效果，即 AIDA 模式。这样才能把潜在购房者从当前等待的状态转变为实施购买的状态。要撰写成功的广告语，一般需要满足"5I"原则：新颖的创意（Idea）、直接的撞击（Immediate Impact）、连续的兴趣（Interest）、消息资料（Information）、冲动的意念（Impulsion）。

4. 撰写房地产广告语的实践要求

一个优秀的房地产广告撰文员必须有观察感受与分析瞻望房地产市场变化发展的能力，从繁复的事件里理出焦点与创意，把物业优点彻底展现出来。撰写的主要步骤：首先需要查看与观察现场；其次搜集有关资料、过滤资料；然后必须深入了解物业的优缺点，找出可能的销售卖点；最后需要把握潜在购房者的心理趋向与所处背景。

5. 房地产广告媒体的选择

广告媒体是房地产企业所采用的各种商业信息的载体。常用的房地产广告媒体大致有九类：报纸与杂志、广播、电视、户外广告、夹报、海报、说明书广告、接待中心、样品房等。实践中需要根据各种媒体的特征来选择合适的宣传方式。

6. 影响广告媒体选择的因素

广告的种类和形式繁多，又各有其优越性和局限性。要想得到预期的广告宣传效果，就必须进行正确的选择。广告媒体选择的目的在于以最低的广告费用取得最大的经济效益。正确地选择广告媒体，一般需要考虑以下七个要素：媒体的性质、广告商品的特性、消费者的习惯、广告目标的要求、市场竞争状况、国家法律规定和广告费用支出。对于同一广告主题，电视、报纸和杂志三种媒体各接触一次的效果要比仅从其中一种媒体中获得三次的效果更大；两种以上的广告媒体传播同一产品的广告信息，并传播到同一个人时，其广告效果是相互补充的。因此企业在实施广告时，可以使用多个广告媒体。

（三）房地产人员推销策略

下面介绍房地产人员推销策略的实施过程、激励机制和推销技巧。

1. 房地产人员推销策略的实施过程

房地产人员推销策略的实施过程如下：

（1）过滤潜在购房者

潜在顾客的出现可以有数种来源：一是顾客看到或听到企业在不同媒体上的广告，主要包括报纸、广播、电视或海报等；二是来自推销人员及企业其他相关人员的主动发掘，如请已购屋者介绍其亲朋好友来洽谈，附近街坊人士的穿针引线以及某些组织内的挖掘或直接拜访消费者等。推销员对于人数众多的顾客群应审慎过滤，按其能力、意愿、需求分成若干等级，从最有可能的顾客入手。

（2）事前计划

一名合格的推销员在约见顾客前必须进行详细计划。根据前阶段对顾客身份、地位和收入状况等背景资料的详细研究，事先推测顾客可能的反应及其他问题，想好应该采用的沟通态度和方式，以及对不同情况的应对之策，并决定接触的方式，选择电话联络、登门造访、信函通知或其他方式。

（3）接近

接近是推销员会见顾客、进入洽谈阶段的必经步骤。洽谈能否成功，必须先看接近是否顺利。接近的关键是形成良好的第一印象，因此销售人员的仪表风范及开场白须慎重而得体，积极而亲切，千万不能疏忽。

（4）推进介绍
该阶段的关键是找到合适的切入点。要将产品的特色与购房者的实际利益相结合，才能满足顾客的需要与期望。

（5）处理顾客异议
一般而言，顾客产生异议的原因可能有以下几点：提出自己的看法，澄清疑点；希望对产品及企业有更多更深入的了解；尚不想或无力购买，仅是推托之词等。在推销过程中，顾客常有不同的看法而对推销员做出否定或拒绝的表示，这种异议会立即使推销员陷入不利的处境。推销员必须适时巧妙地化解顾客的抗拒，否则将无法达到推销的目的。

（6）成交
这一阶段是推销的最后阶段，也是最关键的阶段。成交的过程也是一个谈判的过程，因此提高推销人员的谈判能力在该阶段显得至关重要。谈判的内容通常是价格和条件，推销员应注意技巧，不能操之过急，误断或疏忽顾客心理。推销员还必须密切注意顾客的成交信号，包括身体动作、言辞、意见等，同时保持坦率诚恳的态度以及从容和悦的表情，使顾客能产生共鸣，觉得签订单确实恰如其时。

2. 房地产人员推销的激励机制
企业的报酬制度不仅能直接激励推销人员，而且能吸引其他企业的卓越推销人员。制定报酬制度应注意以下七个原则：底薪与奖金的分配；简明扼要，易于执行；弹性大，能配合商业变动；管理方便，符合经济原则；公平合理，有激励作用；在同业间有竞争力；适时修正，掌握潮流。

报酬的付给方式一般有三种：a. 固定薪金制，即有底薪保障，起码能维持最低所得，推销人员生活最有保障，人员流动率最低，与顾客的关系较能保持常态。但最大缺点是不具奖励性。b. 佣金制，即无底薪保障，其收入完全由业绩而定，业绩高者薪资高，业绩低者薪资低甚至没有薪资。奖励大，刺激性强，"危机意识"强。但无底薪，公司在管理上较为不易，较难掌握人员流动。有些推销员为了达到成绩，甚至不择手段，严重影响公司的信誉。c. 混合制，即将固定薪金制与佣金制混合运用，能够取两者之优点而消除其缺点。

3. 房地产人员推销的技巧

房地产人员推销的技巧主要有以下几点。

（1）电话接听

开头时热情、有礼，用心听顾客的询问，语调要亲切。中间要耐心解释，主动介绍。多数顾客不是房地产行家，他们该从何处问起，问些什么并不是很清楚。作为一个有经验的推销人员应引导顾客询问问题、循序渐进。在电话结尾时应尽可能约好看房时间，如果顾客还没看房的意思，推销人员应该请顾客留下电话号码，以便经常给顾客提供房产信息，找到合适的机会再约顾客看房。

（2）了解顾客置业的目的

顾客置业的目的有使用、保值或增值。推销人员在向顾客推销房子时，只有明确顾客的置业目的，才能做到有的放矢。

（3）赞美顾客

人是有感情的，喜欢听赞美的话是人的本性。赞美得自然、得体会消除彼此的陌生感，但矫揉造作或言过其实，则会让顾客感到别扭、反感。赞美最好在与顾客闲聊中不知不觉让对方感受到。

（4）语言合适

针对不同类型的顾客分别用不同的合适语言。

（5）态度始终如一

对顾客应做到买与不买一个样，买前买后一个样。推销人员做到这一点并不难，而且这是最起码的一种态度。

（6）不要随意贬低他人楼盘

随意贬低他人楼盘在房地产推销中很难取信于顾客。相反，推销人员掌握较多的房源资料，用比较手法来强调自己楼盘的特点，顾客可能更容易接受。

（四）房地产公共关系策略

房地产企业的公共关系是指企业与公众之间的各种联系。公众既包括房地产开发企业的股东、员工等内部公众，也包括消费者、新闻媒介、金融机构、政府管理部门、竞争者、供应商以及中间商等外部公众。

房地产公共关系策略是指房地产开发企业为了提高企业形象，增强企业的竞争和发展能力，优化企业经营管理的内部环境，加强与企业的内部公众和外部公众进行双向沟通而采取的所有策略手段。公共关系策略的最终目标是增加企业的销售，实现企业的经营目标和营销目标，因而也是房地产营销促销策略的一种。但是公共关系策略与其他三种促销策略的最大不同在于，实施该策略的直接目的不是促进房地产产品的销售，而是通过树立和改善企业在公众心中的形象间接实现销售目标。

1. 房地产公共关系策略的工具

房地产公共关系策略的工具主要有以下几种。

（1）新闻

公关人员的主要任务是发现或创造对本企业有利的新闻。新闻的编写要求善于构想故事的概念，并广泛开展调研活动，其做法类似记者。争取与宣传媒体多接触是每个房地产企业都应当主动去做的事情，以便更好地树立企业形象。

（2）演讲

演讲是创造产品及企业知名度的另一项工具。企业负责人应经常通过宣传工具介绍企业状况，传播企业精神，圆满地回应来自公众的各种问题，这样可以拉近企业同公众的距离，有利于相互沟通。例如，企业总经理抓住房地产论坛、交流会、促销会开幕式等机会，发表公众演说，可以大大提高企业知名度。

（3）事件

房地产开发企业可以安排一些特殊的事件来吸引媒体的关心与注意，其目的在于让广大的公众知道自己企业的存在。有的时候企业在经营过程中会有一些不利的突发事件，善于公关的企业常常会积极应对，巧妙地消除不利因素，反而利用它来扩大企业的知名度。利用事件营销属于比较高级的营销手段，需要公关人员具有敏锐的感知和高超的技巧，才可以妙手点睛，而不至于弄巧成拙。

（4）公益服务活动

企业可通过投入一定金钱和时间在有益的公共事业方面，以提高其公众信誉。例如，赞助希望小学、资助贫困在校大学生、突发事件捐款等，目的是博得公众对企业的好感。

（5）主题活动

企业还可以开展一些主题活动，增进与同行、媒体以及消费者之间的交流，从而扩大企业的影响力，例如发起召开"长三角地产与金融国际论坛"、在"世界华人不动产学会"上组织专题讨论等。

（6）宣传性材料。
企业可以借助宣传性材料来联系和影响目标市场，主要包括书面材料和视听材料两种。常用的书面材料有年度报告、公司业务通讯和公共刊物等，目的在于让目标顾客知道并了解企业；常用的视听材料有短片、幻灯片、录影带和录音带等，其成本往往高于书面材料，但影响也比书面材料的大。

（7）企业身份媒体
企业身份媒体指企业的标志、招牌、企业模型、业务名片、建筑物、制服和车辆等。一般来说，仅仅依靠企业的文字资料，公众很难获得对企业清晰的印象，而通过这些有吸引力、有企业文化特色的身份，媒体可以带给公众与众不同的深刻印象。

2. 房地产公共关系策略的实施过程
房地产公共关系策略的实施过程如下。

（1）进行公众认识调查
房地产开发企业开展公共关系调查的目的在于了解企业在公众心中留下的印象。企业形象主要通过知名度和美誉度两个指标来衡量。知名度衡量的是公众对该企业或其产品的知晓程度，可以用被调查人数中知晓该企业或其产品的人数与被调查人数之比来计算。美誉度衡量的是公众对该企业或其产品的信任程度或好感程度，它包含公众的个人感情，可以用被调查人数中对该企业或其产品抱有好感的人数与被调查人数之比来计算。在进行公众认知调查的同时，也可以在一定程度上考虑企业内部人员所反映的意见。

（2）明确公共关系策略的目标
要与前面所调查的结果联系起来，根据调查获得的知名度和美誉度的衡量值与企业预期值的差距，以及两个衡量值的比值来制定企业的目标。公共关系策略的目标应该与整体营销目标相协调，并可以具体化、可操作化。同时，具体目标的安排应分清轻重缓急，按重点依次排列。公关活动目标绝不能模糊不清，否则就是浪费金钱。

（3）确定公共关系策略的对象
公共关系策略的对象是所有与企业相关联的组织和个人的总和，包括组织公众和个人公众，要比房地产产品营销涉及面更广。

（4）制订公共关系活动的计划

根据已经确定的公共关系策略的目标和对象，制订开展公共关系活动的计划。同时还要考虑预算开支、所需人力以及各种可控和不可控因素等，做好充分的准备。

（5）开展具体的公共关系活动

按前一阶段制订的计划开展公关活动。在进行时，需要充分利用企业及相关人员的社会关系网。特别要注意的是，当进行的公关活动具有较大的社会影响时，必须密切注意控制事态的发展变化，一旦出现不利变化，必须及时做出反应，诚信又不失灵活地处理突发事件，保证公关目标的实现。

（6）评估公共关系策略的效果

公共关系策略通常与其他促销策略一起使用。因此，其使用效果的衡量有一定难度，可以采用参与观察法、目标比较法、舆论调查法以及销售额和利润贡献法来定性地衡量其效果。参与观察法指房地产企业的主要负责人亲自参加公共关系活动，观察实际情况并估计效果，然后与公关人员所提供的工作报告进行比较。目标比较法将公共关系策略的目标具体化，用可以度量的方法明确下来，在活动结束后，再将测算结果和原定目标相比较，并进一步评估。舆论调查法是指在公共关系策略实施的前后分别对公众进行一次舆论调查，然后根据有关舆论情况及其变化评估公共关系策略的效果。利润贡献法在估计公共关系活动对增加总销售额的贡献比例的基础上，结合开展公关活动所用的成本，计算公共关系策略的收益率。

（五）房地产销售推广策略

房地产销售推广策略是指房地产开发企业运用短期诱因来鼓励潜在购房者购买本企业产品的策略。这种短期诱因通常是一些折扣或奖励形式的经济利益诱导，也包括其他可以激起消费者购买欲望的非经济因素。

1. 房地产销售推广策略的类型与促销手段

房地产销售推广策略主要有以下两类。

（1）购房者策略

面向消费者的销售推广策略要从消费者的需求出发，刺激消费者的购买欲望，使消费者满意。根据销售的不同阶段、物业的不同特点、购房者的不同特点，可以灵活地采用各种形式。房地产开发企业在开盘时，为了烘托现场气氛，营造一种热销场面，通常会给到现场来看房咨询的消费者赠送礼品，以吸引消费者光顾。对在促销期间购房者按一定的比例抽奖，中奖率依据奖品的价值和促销预算决定，奖品可以是旅游机会、家用电器等。在促销期间，给购房者优惠一定的金额或价格折扣。根据物业的特点，在购房者买楼时赠送阁楼、空中花园；针对一些高档客户，赠送车位；对购房者免收一定的物业管理费或由房地产开发企业代为承担有关交易费用。房地产开发企业可以与金融机构、装潢公司和建材供应商等联合进行促销：与金融机构联合，可在住房抵押贷款上推出一系列的促销措施，如除住房抵押贷款外，给予办理住房装修贷款和汽车贷款；与装潢公司和建材供应商联合，可在住房装修与建材采购等方面解决购房者的后顾之忧。房地产企业可以根据实际情况，针对不同人群考虑以上不同的实施方案。

（2）中间商策略

这种销售推广策略是紧紧围绕中间商展开的。房地产开发企业运用这一策略是为了让自己的产品尽快进入中间商的营销网络，顺利地把产品分销出去。中间商策略也有很多形式可以采用。例如房地产行业协会一般都组织年度集会和展览会，房地产开发企业借机可以吸引实力雄厚的中间商帮助自己推销楼盘。为了感谢中间商而给予的推广津贴，实际上也是给中间商推销自己产品的一种报酬。在中间商开展促销活动时，房地产开发企业提供一定的协作和帮助，是一种共同参与的行为，通过提供现金、物品或劳务的方式，实际上降低了中间商的营运成本，提高了中间商的利润。房地产开发企业可以给予提前或超额完成代销目标的中间商一定的现金奖励，也可以开展销售竞赛，给予完成销售情况最好的中间商和相关员工以物质奖励。

2. 房地产销售推广策略的主要内容

房地产销售推广策略的主要内容如下。

（1）销售推广目标

不同类型的销售推广策略目标有所不同。对于消费者策略，主要的目标在于从企业的竞争者手中夺取客户，征得客户的好感，刺激客户的购买；而对于中间商策略，主要的目标在于鼓励优秀中间商来经销或代理自己的产品，同时提高已有中间商的忠诚度和信任度，扩大营销范围，增加营销网点，增强营销力度。

（2）销售推广手段

房地产开发企业应当根据不同的营销情况确定需要提供诱因的程度，并选择合适的促销手段。而不同的促销手段的刺激效果也有所不同。一般而言，面向中间商的销售推广手段实现效果的持续时间比较长，而对消费者的刺激只是阶段性的、一次性的。

（3）销售推广费用预算和规模

首先，房地产开发企业在实施销售推广策略前需要做费用预算，既可以参照以前做过的费用制订预算，也可以从总促销费用中提取一定比例。其次，根据费用预算确定推广规模。考虑在实施每一种销售推广手段时，是向所有的还是经过挑选的消费者或中间商提供，以及提供的具体费用。

（4）销售推广时间

房地产开发企业进行销售推广活动的持续时间应适当。持续时间太短，消费者或中间商还来不及调整自己的决策，促销作用就无法发挥；持续时间太长，对消费者或中间商的诱导作用逐步减弱，就会使得促销作用失效。理想的促销时机和促销周期要根据房地产产品的种类以及具体产品的特征来确定。

第四节　房地产交易管理

一、房屋销售与租赁

（一）房屋销售

房屋销售是指房地产开发企业将商品房出售给买受人并由买受人支付房价款的行为和过程。其中，房地产开发企业将竣工验收合格的商品房出售给买受人，称为房屋现售；房地产开发企业将正在建设中的商品房预先出售给买受人，称为房屋预售。

1. 房屋销售的条件

房屋现售应当具备以下条件：一是现售商品房的房地产开发企业应当具有企业法人营业执照和房地产开发企业资质证书；二是取得土地使用权证书或者使用土地的批准文件；三是持有建设工程规划许可证和施工许可证；四是已通过竣工验收；五是拆迁安置已经落实；六是供水、供电、供热、燃气、通信等配套基础设施具备交付使用条件，其他配套基础设施和公共设施具备交付使用条件或者已确定施工进度和交付日期；七是物业管理方案已经落实。

房屋预售应当具备以下条件：一是已取得土地使用权证、建设用地许可证、建设规划许可证和施工许可证；二是投入的开发建设资金已达到规定的数额且已确定竣工交付日期；三是已办理预售登记并取得房屋预售许可证。

2. 房屋销售的程序

（1）签订合同

房屋买方通过调查了解、确定预购对象后，与卖方（房地产开发企业）通过洽谈初步达成协议，并签订书面的房屋买卖合同。房屋买卖合同是房屋交易双方建立买卖关系的协定和履行权利义务的依据。房屋买卖合同应在房地产管理机构进行登记。

（2）付款成交
房屋买卖双方在签订买卖合同后，买方按合同规定的日期和方式支付价款，卖方在规定的日期将所售房屋移交给买方。

（3）产权过户
房屋买卖双方按合同规定的条件和日期，到房地产管理机构缴纳有关的税费，办理房屋产权过户，领取不动产权证书。

3. 房屋销售的合同
商品房买卖合同应当明确以下主要内容。

①当事人名称或者姓名和住所。
②商品房基本状况，包括房屋坐落、结构、面积等。
③商品房的销售方式。
④商品房价款的确定方式及总价款、付款方式、付款时间。
⑤交付使用条件及日期。
⑥装饰、设备标准承诺。
⑦供水、供电、供热、燃气、通信、道路、绿化等配套基础设施和公共设施的交付承诺和有关权益、责任。
⑧公共配套建筑的产权归属。
⑨面积差异的处理方式。
⑩办理产权登记有关事宜。
⑪解决争议的方法。
⑫违约责任。
⑬双方约定的其他事项。

房地产开发企业可以自行销售商品房；受托中介服务机构销售商品房时，应当如实介绍所代理销售商品房的有关情况。

商品房销售可以按套计价，也可以按套内建筑面积或建筑面积计价。房地产开发企业应当按照批准的规划、设计建设商品房。房地产开发企业应当按照合同约定，将符合交付使用条件的商品房按期交付；未能按期交付的，房地产开发企业应当承担违约责任。因不可抗力或者当事人在合同中约定的其他原因需延期交付的，房地产开发企业应当及时告知买受人。房地产开发企业应提供《住宅质量保证书》《住宅使用说明书》，并对所售商品房承担质量保修责任。保修期从交付之日起计算。

（二）房屋租赁

房地产开发企业开发的房屋，除了销售外，还可以出租。房屋租赁是指出租者将其房屋出租给承租人使用并由承租人向出租人支付一定的租金的行为。房屋租赁应出具有关的权属证书，签订书面的租赁合同，并按规定向房地产管理机构办理登记备案。

房屋租赁合同是由租赁双方协商签订的明确双方权利义务关系的书面协定，其内容应包括以下几点。

①租赁双方的姓名、名称、国籍、身份等。
②出租房屋的基本情况，包括房屋坐落的具体地址、门牌号码、楼层、结构、类型、用途、面积、装修及附属设施等。
③租赁期限。应明确房屋租赁的起止日期，并写明如需续租，承租人应提前一定时间提出要求，出租人同意后重新签订租赁合同。
④租金及支付方式和期限。应明确规定租金的计租标准和定期交付的租金额，应约定租金的支付方式是按月交租、按季交租还是按年交租，并具体规定交付期限。
⑤保证金等。房屋租赁双方可约定是否要交纳保证金及其数额和偿还等，明确水电等费用的承担者及支付方式和时间等。
⑥双方的权利和义务。出租人的主要权利：按期收取租金，依法收回房屋，监督房屋的使用；出租人的主要义务：保障承租人对房屋的合法使用，按合同规定对房屋进行正常维修。承租人的主要权利：对承租房屋享有占有使用权，有优先续租权和优先购买权；承租人的主要义务：按期交纳租金，按规定合理使用房屋及设备。
⑦违约责任。
⑧其他事宜。

二、房地产抵押

（一）房地产抵押的意义

房地产抵押是指债务人或者第三人以不转移占有的方式向债权人提供土地使用权、房屋和房屋期权作为债权担保的行为；在债务人不履行债务时，债权人有权依法处分该抵押物并从处分所得的价款中优先得到偿还。

房地产抵押应当遵循平等、自愿、公平和诚实信用原则。

依法设定的房地产抵押权受法律保护。

（二）房地产抵押权的设定
1. 可以抵押的房地产
下列房地产可以抵押。

①建设用地使用权。
②建筑物、构筑物等定着物。
③土地经营权。
④正在建造的建筑物。

2. 不得抵押的房地产
下列房地产不得抵押。

①土地所有权。
②宅基地、自留地、自留山等集体所有的土地使用权，但是法律规定可以抵押的除外。
③学校、幼儿园、医疗机构、养老机构等以公益为目的成立的非营利法人的教育设施、
　医疗卫生设施、养老设施和其他社会公益设施。
④所有权、使用权不明或者有争议的房地产。
⑤依法被查封的房地产。
⑥法律、行政法规规定不得抵押的其他房地产。

同一房地产设定两个以上抵押权的，抵押人应当将已经设定过的抵押情况告知抵押权人。抵押人所担保的债权不得超出其抵押物的价值。

房地产抵押后，该抵押房地产的价值大于所担保债权的余额部分，可以再次抵押，但不得超出余额部分。

以两宗以上房地产设定同一抵押权的，视为同一抵押房地产。但抵押当事人另有约定的除外。

以在建工程已完工部分抵押的，其土地使用权随之抵押。

有经营期限的企业以其所有的房地产抵押的，其设定的抵押期限不应当超过该企业的经营期限。

以具有土地使用年限的房地产抵押的，其抵押期限不得超过土地使用权出让合同规定的使用年限减去已经使用年限后的剩余年限。

以共有的房地产抵押的，抵押人应当事先征得其他共有人的书面同意。

预购商品房贷款抵押的，商品房开发项目必须符合房地产转让条件并取得商品房预售许可证。

以已出租的房地产抵押的，抵押人应当将租赁情况告知抵押权人，并将抵押情况告知承租人。原租赁合同继续有效。

（三）房地产抵押合同

房地产抵押合同应包括以下内容。

①抵押人、抵押权人的名称或者个人姓名、住所。
②主债权的种类、数额。
③抵押房地产的处所、名称、状况、建筑面积、用地面积等。
④抵押房地产的价值。
⑤抵押房地产的占用管理人、占用管理方式、占用管理责任以及意外损毁、灭失的责任。
⑥抵押期限。
⑦抵押权灭失的条件。
⑧违约责任。
⑨争议解决方式。
⑩抵押合同订立的时间与地点。
⑪双方约定的其他事项。

以在建工程抵押的，抵押合同还应当载明以下内容。

①国有土地使用权证、建设用地规划许可证和建设工程规划许可证编号。
②已缴纳的土地使用权出让金或需交纳的相当于土地使用权出让金的款额。
③已投入在建工程的工程款。
④施工进度及工程竣工日期。

⑤已完成的工作量和工程量。

（四）房地产抵押登记
房地产抵押合同签订后，抵押当事人应当到房地产所在地的不动产登记部门办理房地产抵押登记。

办理房地产抵押登记，应当向登记机关交验下列文件。

①抵押当事人的身份证明 。
②抵押登记申请书。
③抵押合同。
④主债权合同。
⑤不动产权证书。
⑥在建建筑物抵押的，提交建设工程规划许可证等规划许可文件。

（五）房地产抵押合同的变更、解除与终止
1. 房地产抵押合同的变更
抵押人和抵押权人协商一致，可以变更抵押合同。变更抵押合同，应当签订书面的抵押变更合同。一宗抵押物上存在两个以上抵押权的，需要变更抵押合同的抵押权人，必须征得所有后续位抵押权人的同意。

2. 房地产抵押合同的解除
抵押人和抵押权人协商一致，可以解除抵押合同。解除抵押合同，应当签订书面的抵押解除合同。

3. 房地产抵押合同的终止
有下列情形之一的，抵押合同终止。

①抵押所担保的债务已经履行。
②抵押合同被解除。
③债权人免除债务。
④法律规定终止或者当事人约定终止的其他情形。

（六）房地产抵押物的占管
已作抵押的房地产，由抵押人占用与管理。抵押人在抵押房地产占用与管理期间，应当维护抵押房地产的安全与完好。抵押权人有权按照抵押合同的规定监督、检查抵押房地产的管理情况。抵押当事人约定对抵押房地产保险的，由抵押人为抵押的房地产投保，保险费由抵押人负担。抵押房地产投保的，抵押人应当将保险单移送抵押权人保管。在抵押期间，抵押权人为保险赔偿的第一受益人。

经抵押权人同意，抵押房地产可以转让或者出租。抵押房地产转让或者出租所得价款，应当向抵押权人提前清偿所担保的债权。超过债权数额的部分归抵押人所有，不足部分由债务人清偿。

抵押人占用与管理的房地产发生损毁、灭失的，抵押人应当及时将情况告知抵押权人，并应当采取措施防止损失的扩大。抵押的房地产因抵押人的行为造成损失而抵押房地产价值不足以作为履行债务的担保时，抵押权人有权要求抵押人重新提供或者增加担保以弥补不足，或者直接向保险公司行使求偿权。抵押人对抵押房地产价值减少无过错的，抵押权人只能在抵押人因损害而得到的赔偿的范围内要求提供担保。抵押房地产价值未减少的部分，仍作为债务的担保。

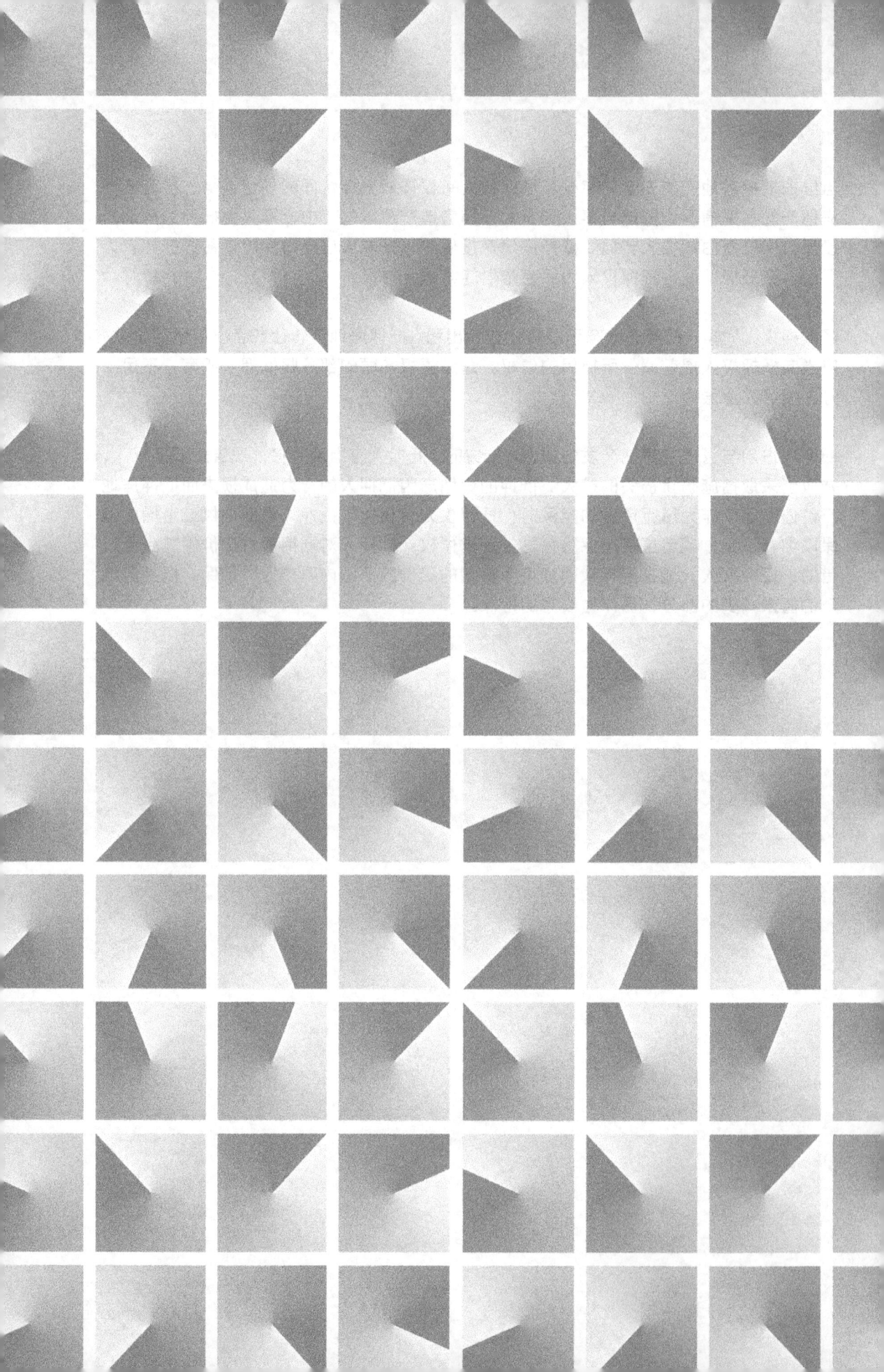

第五章
房地产项目成本管理

第一节　项目成本概述

房地产项目管理是以房地产项目为管理对象，以项目经理责任制为中心，以合同为依据，按房地产项目的内在规律，实现资源的优化配置和对各生产要素进行有效的计划、组织、指导控制，取得最佳经济效益的过程。进度管理、质量管理和成本管理是贯穿整个项目的综合性管理工作。

一、项目成本的定义

成本是为达到一定目标所耗费资源的货币体现。成本是补偿生产耗费的尺度，是确认资源消耗和补偿水平的依据。成本是企业经营管理水平的综合反映，当前，房地产企业面临着激烈的市场竞争，能否在市场竞争中立于不败之地，关键在于企业能否为社会提供质量高、工期短、造价低的建筑产品；而企业获得较大的经济效益，关键在于低廉的成本。成本是制订产品价格的重要依据，成本是企业进行经营决策、实行经济核算的重要手段，房地产项目开发经营过程中，对重大问题决策时，必须全面地进行技术经济分析。其中，决策方案的经济效果是技术经济分析的重点，而成本是考察和分析决策方案的经济效果的重要指标。

项目成本是指为完成项目而发生的资源耗费的货币体现，包括项目生命周期全过程各阶段的资源耗费。这些资源耗费不仅仅是资金耗费，还包括完成整个项目所耗费的全部资源。项目成本通常以元、美元、欧元等货币单位来计量。

对于不同的项目关系人（即项目利益关系者）来说，参与项目的工作阶段、时机不同，其所经历的项目生命周期长度也是不同的。不同的关系人会在不同的时间以不同的方式测算成本。因此，不存在统一的项目成本构成。但任何成本构成都应该包括项目关系人眼中的项目生命周期各项工作的资源耗费。因此，进行成本管理，首先应该识别项目关系人的项目生命周期，进而确定各阶段的资源耗费和项目成本构成。

二、项目成本的相关概念

（一）全寿命期成本

全寿命期成本是指对贯穿整个项目生命周期的成本情况有一个整体的认识，这有助于更精确地制订项目成本计划。

对于一个项目而言，全寿命期成本指的是权益总成本，即项目设计、生产与实施的成本加上使用和维护成本。

在项目决策阶段进行可行性分析是对全寿命期成本的考虑，要注重项目成本计划的作用和立足点。在项目的整个过程中，项目团队应该考虑任何可能降低全寿命期成本的措施。

（二）价值工程

价值工程又称为价值分析，是指通过集体智慧和有组织的活动对产品或服务进行功能分析，使目标以最低的总成本可靠地实现产品或服务的必要功能，从而提高产品或服务的价值。价值工程的主要思想是通过对选定研究对象的功能及成本分析，提高对象的价值。

三、项目成本的构成

（一）按项目成本要素划分

项目成本的要素包括以下内容。

1. 人工费

人工费是项目工作的各类人员，如项目管理人员、设计师、计算机程序员、研究员、工程技术人员、生产工人及其他方面项目工作人员的职工薪酬。其包括工资、奖金、津贴、职工福利费、各类社会保险成本、住房公积金、工会经费、职工教育经费、未参加社会统筹的退休人员退休金和医疗成本，以及辞退福利、带薪休假等其他与薪酬相关的支出等。

2. 材料费

材料费是项目组织或项目团队为实施项目所耗费的各种原料、材料的成本，如房地产项目耗费的钢筋、水泥、砖等建筑材料的成本。

3. 设备费

项目管理过程所发生的各项设备成本包括设备或仪器、工具的折旧费、修理费、运行费，设备的租赁成本等。项目组织为实施项目需要购置使用某种专用仪器、工具或设备等，这些都是项目成本的组成部分。

4. 分包费

分包费是部分项目工作内容分包出去时发生的成本。当承包商或房地产项目团队缺少某项专门技术或没有完成项目任务的资源时，可以委托分包商完成这些任务。例如，房地产项目经理可以把房地产项目的对外宣传委托给某个广告公司，可以请管理和法律顾问协助项目的管理。再如，房地产开发中进行风险评估、项目定位等时聘请专家所付出的成本，防水工程、打桩基、编制软件等专业工程进行分包时支付的成本。

5. 其他成本
其他成本是指上述未包括的各项成本，如办公费、差旅费、融资成本、临时设施费等，以上各项成本在不同项目中所占比例不同。

（二）按项目成本的性质划分
从财务角度，将项目成本按性质划分为直接成本和间接成本。

1. 直接成本
直接成本是指可直接归集于某项目或项目组织的有关成本材料费、直接设备费及其他直接成本。

2. 间接成本
间接成本是指在组织执行项目时发生的不能直接归集于某项目或项目组织内的特定领域的相关成本。其包括管理成本、保险费、筹资成本、借款利息支出等。

（三）按成本发生与业务量关系划分
1. 变动成本
变动成本是指在相关业务量范围内，其发生总额会随着业务量的变动而呈正比例变动的成本。其基本特点：成本发生总额与业务水平呈正比例关系；单位业务量中所含该种成本的份额保持不变。

2. 固定成本
固定成本是指在相关业务量范围内保持不变的成本。其基本特点：成本发生总额与业务量水平之间没有关系，其发生总额不会随着业务量的增加而上升。成本的变动或固定是相对总额而言的，变动成本和固定成本具有相对范围。

四、项目成本管理的原则

项目成本管理包括为使项目在批准的预算内完成而对项目成本进行计划、估算、预算、核算、考核等管理和控制的各个过程。项目成本管理的原则主要有以下几方面。

（一）全生命周期成本最低原则

项目成本管理的效果直接影响到项目的绩效。因此，应尽可能降低项目成本。但是，在进行成本管理时不能片面要求项目形成阶段成本之和最低，而是要使项目全生命周期成本最低，即考虑项目从启动到项目产品的寿命期结束的整个周期的成本最低，这是项目经济性评价的合理期限。

（二）全面成本管理原则

全面成本管理是针对成本管理的内容和方法而言的。从全面性出发，需要对项目形成的全过程开展成本管理，对影响成本的全部要素开展成本管理，由项目全体团队成员参加成本管理。因此，全面成本管理就是全员、全过程和全要素的成本管理。

（三）成本责任制原则

为了实行全面成本管理，必须对项目成本进行层层分解，使成本目标落实到项目的各项活动、各个人员。项目的各个参与人员承担着不同的成本责任，要按照成本责任对项目人员的业绩进行评价。

（四）成本管理有效化原则

成本管理的有效化包括两层含义：一是使项目经理部以较少的投入获得最大的产出；二是以最少的人力和财力，完成较多的管理工作，提高工作效率。

（五）成本管理科学化原则

成本管理的科学化原则，即把有关自然科学和社会科学中的理论、技术和方法运用于成本管理。其包括预测与决策方法、不确定性分析方法和价值工程等。

五、项目成本管理的基本方法

（一）成本动态管理

房地产项目的成本动态管理就是在整个项目的实施过程中，为确保项目在批准的成本预算内尽可能好地完成而对所需的各个过程进行管理与控制。

房地产项目成本管理不是单纯的、静态的工作，而是一个综合的、动态的过程。这个过程与项目管理其他知识领域的过程之间相互作用，随时可能交叉、重叠、相互影响。

（二）目标成本管理

项目目标成本管理就是在项目预算的基础上，根据企业的经营目标，在成本预测、成本决策、测定目标成本的基础上，进行目标成本的分解、控制分析、考核、评价的一系列成本管理工作。

目标成本管理的基本环节如下。

1. 建立各级责任中心

为实行行之有效的目标成本管理，首先是明确划分和建立各级责任中心，以分清各个部门的职能，正确评价其工作业绩，从而为目标成本的贯彻落实提供组织保证。

2. 制订目标成本

目标成本的制订贯彻"先进性、科学性、严肃性、通俗性、可行性"的原则，制订科学合理的目标成本是成本控制的前提和基础，也是目标成本管理能贯彻实施的关键。

3. 目标成本的分解

为明确责任，使目标成本成为各级奋斗的目标，在确定目标成本后，应对其进行自上而下的逐级分解。在分解目标成本时贯彻可控性原则，凡上级可控而下级不可控的成本由上级控制，不再向下分解，同级之间谁拥有控制权就分解给谁。

4. 考核和奖惩

按月对目标成本的完成情况进行考核，规定明确的奖惩办法，让各个责任中心、各个被考核人明确业绩与奖惩之间的关系，努力降低和控制成本。考核是成本控制系统发挥作用的重要因素，奖惩是促使人们努力工作实现企业总目标的有力手段。

另外，基于经验的成本管理方法、基于历史数据的成本控制方法、基于标杆的目标成本控制方法、基于价值分析的成本控制方法等在许多房地产项目成本管理中也得到了广泛应用。

第二节 房地产项目成本管理

房地产项目成本管理就是房地产项目开发过程中，对成本形成的各种因素按照事先拟定的标准严格加以监督，发现偏差就及时采取措施加以纠正，从而使房地产项目开发过程中各项资源的消耗和成本开支限制在标准规定的范围之内。

一、房地产项目成本的基本构成

房地产项目成本一般分解为土地成本、前期工程费、建筑安装工程费、市政公共设施费、管理费、融资费用、税费、其他成本等。

由于不同地区经济和社会发展差异较大，房地产成本构成比例也存在很大的差别。东部经济发达地区，尤其是北京、上海、广州、深圳等大城市，由于土地成本较高，商品地产的各种税费（包括市政费用等）要占到整个项目售价的 15% 左右，营销成本占 2%～3%，管理成本约为 3%，融资、贷款等资金成本约为 10%，建筑安装成本约为 4000 元 /m²，土地成本较高。

（一）土地成本
房地产开发企业取得土地的方式主要有三种：协议出让、招标出让、拍卖出让。目前基本以后两种方式为主。随着国家对土地宏观管理政策趋紧，通过拍卖方式获得开发用地成为大多数开发商获取开发用地的有效方式。目前，在我国城镇商品住宅价格构成中，土地成本占 20%～30%，并有进一步上升的趋势。

（二）前期工程费
前期工程费主要指在房屋开发的前期规划中，设计费、可行性研究费、地质勘查费以及"三通一平"等土地开发成本。其在整个成本构成中所占比例较低，一般不会超过 6%。

（三）建筑安装工程费
建筑安装工程费指房屋建造过程中所发生的建筑工程、设备及安装工程成本等，又被称为房屋建筑安装造价，在整个成本构成中所占比例较大。从我国目前情况看，大部分三线城市房地产项目建筑安装工程费占整个成本的 30%～40%。

（四）市政公共设施费
市政公共设施费包含基础设施建设费和公共配套设施建设费两部分。基础设施建设费主要指道路、自来水、污水、电力、电信、绿化等的建设成本。公共配套设施建设费指在建设用地内建设的为居民提供配套服务的各种非营利性的公用设施（如学校、幼儿园、医院、派出所等）和各种营利性的配套设施（如粮店、菜市场等商业网点）等所发生的成本。其同时还包括一些诸如煤气调压站、变电室、自行车棚等室外工程。在房地产开发成本构成中，该项目所占比例较大，一般为 10%～20%。

（五）管理费

管理费主要是房地产开发企业为组织和管理房地产开发经营活动所发生的各种成本，它包括管理人员工资、差旅费、办公费、保险费、职工教育费、养老保险费等。在整个成本构成所占比例很小，一般不会超过 5%。

（六）融资费用

房地产因开发周期长，需要投资数额大，因此，必须借助银行的信贷资金，在开发经营过程中通过借贷筹集资金而应支付给金融机构的利息也成为开发成本一个重要组成部分。但它的大小与所开发项目的大小、融资额度的多少有密切关系，所以占成本构成比例相对不稳定。

（七）税费

税费包含两部分：一部分是税收，与房地产开发建设有关的税收包括房产税、城镇土地使用税、耕地占有税、土地增值税、两税一费（营业税、城市维护建设税和教育费附加）、契税、企业所得税、印花税，外商投资企业和外国企业所得税等；另一部分是行政性成本，主要是由地方政府和各级行政主管部门向房地产开发企业收取的成本，项目繁多，包括诸如征地管理费、商品房交易管理费、大市政配套费、人防费、煤气水电增容费、开发管理费等。税费在我国目前房地产开发成本构成中所占比例较大，一般为 15% ~ 25%。

（八）其他成本

其他成本主要指不能列入前七项的所有成本，其主要包括各种不可预见费等，在成本构成中一般不会超过 5%。

二、影响房地产项目成本的因素

影响房地产项目成本的因素很多，主要有以下几方面。

（一）房地产项目质量定位

质量与成本之间存在辩证统一的关系。通常，质量水平越低，项目成本就越低。如果质量要求定位高，则在完成项目时需要采用更好的资源、耗费更长的时间，成本也越高。但是，质量水平低到使项目无法投入正常使用，经常发生故障，那么总成本反而会增加。

（二）工期

适宜的工期是成本管理的关键。一般而言，工期越长，不可预见的因素越多，风险越大，成本越高。但是，如果工期过短，赶工期则会导致成本上升。

（三）资源价格
在项目范围确定的情况下，资源价格越高，成本越高。因此，在通货膨胀时期项目成本往往较高。

（四）管理水平
在项目进行期间，较高的管理水平可以减少失误、降低成本。然而实际操作中，即便管理水平较高，也可能因预算成本估算偏差而面临困境，另外，预算成本估算偏低，例如，征地成本或拆迁成本大大超出计划而影响成本。由于资金供应紧张或材料、设备供应发生问题，从而影响工程进度，延长工期，造成建设成本增加。决策失误会造成损失，更改设计可能增加或减少成本开支，又往往会影响施工进度，给成本控制带来不利影响。

三、房地产项目成本管理的任务

（一）确保项目在批准的成本预算内尽可能好地完成
项目成本管理始于项目启动，止于项目的结束，是在整个项目生命周期中以项目执行组织为主体的成本管理，其目标就是确保项目在批准的成本预算内尽可能好地完成项目的各个过程。在许多应用领域，对项目产品的未来财务执行的预测和分析是在项目之外进行的。但在诸如资金筹措项目等领域，项目成本管理也包括对未来财务的预测和分析，此时成本管理包括一些附加的过程和许多一般管理技术，如投资回报、回收期分析。实际上，这种项目成本管理应该更确切地称为项目投资管理。

（二）全生命周期成本计算
现代项目成本管理关心的不仅是完成项目活动所需资源的成本，还应考虑项目的社会经济及环境成本，通常表现为考虑对项目交付使用后成本的影响。例如，限制设计审查次数可以降低项目成本，但可能增加顾客的运营成本。又例如，项目建设期间不能一味地降低成本而采用质低价廉的材料，为项目产品的运行、使用留下隐患。项目成本管理的这种广义观点常被称为"全生命周期成本计算"。

（三）提供衡量项目管理绩效的客观标尺
对项目管理绩效的评价，首先是对成本管理绩效的评价，通过对成本管理水平和成果的评价，企业掌握项目管理状况和实际达到的水平，为项目绩效评价提供直观、量化的佐证。项目成本管理还为企业考核和奖罚提供依据，为企业内部人事制度、工资分配制度、员工培训制度等一系列制度的建立和健全创造必要的环境条件。

四、房地产项目成本管理的基本程序

房地产项目成本目标要进行充分的调查研究和科学计算，还要正确处理成本指标与其他技术经济指标的关系（如成本指标和质量、生产效率等关系），从完成企业的总体目标出发，经过综合平衡，防止片面性。必要时还应有多种方案的择优选用。

房地产项目成本管理主要包括资源计划编制、成本估算、成本预算和成本控制四个过程。

资源计划编制，资源是完成房地产项目所必需的人员、机械、材料等的总和。只有落实了人员、机械、材料，才能保证计划的实施。如果资源安排发生了冲突，资源负荷超出了最大限量或者资金不能及时到位都会直接影响到项目计划安排的可行性。

成本估算就是编制一个为完成房地产项目各项活动所需要的资源成本的近似估算。

成本预算就是将成本估算分配到各单项工作上。

成本控制就是控制项目成本预算的变更。

在某些项目上，特别是小型房地产项目，资源计划编制、成本估算、成本预算彼此之间联系极为紧密，通常被视为一个过程，但是它们所运用的工具和技术却不尽相同。

以上过程相互影响、相互作用，有时也与外界的过程发生交互影响。根据项目的具体情况，每一过程由一人、数人或小组完成，在项目的每个阶段，上述过程至少出现一次。

（一）资源计划编制
1.房地产项目资源
房地产项目资源就是完成房地产项目所必需的各种实际投入。在硬件上包括项目中完成任务的人力、设备、物资、资金以及时间等；软件上包括项目所需的各种技术、信息等。

一般可按照以下步骤确定所需的资源数量：工作量计算；确定实施方案；估计人员需求量；估计材料需求量；估计设备需求量；确定资源使用时间。

资源供给的方式多种多样，可以从项目组织内部解决，也可以从项目组织外部获得。

资源供给分析要分析资源的可获得性、获得的难易程度以及获得的渠道和方式，可分别从内部、外部资源进行分析。对内部资源进行分析，如设计部门分析内部拥有的设计人员和各种设备及其可用性。如果内部设计人员正在从事其他项目，则须详细研究资源的可得性。对外部资源进行分析，在组织内部无法提供项目所需的资源时，需要对外部资源进行分析。比如，在决策阶段，可请专业的咨询公司完成可行性研究工作；在设计阶段，部分专业设计可请外部专业工程师完成；在施工阶段，将需要专门打桩设备的基础工程分包给专门的桩基施工公司。

2. 资源规划与资源平衡
（1）资源规划是制订资源计划的过程
资源规划是项目组决定要获得哪些资源、从哪里获得、如何获得，以及如何使用的过程。制订资源计划就是确定需要哪些硬件和软件资源以及所需的数量是多少，以便于项目活动的展开。

（2）资源规划是成本估算的基础
任何项目的资源（人员、设备、物资）并不是具有无限能力且随时能够得到的，因为项目成本、技术水平、时间等因素的影响，几乎所有项目都要受到资源的限制。在项目展开的过程中，如何规划才能使资源的可获得性、及时性达到最佳值，是项目管理者应认真考虑的问题。

（3）资源负荷是指在特定时间段现有工期计划所需的个体资源的数量
将改进后的甘特图再加上资源信息，就可绘制出资源负荷图。资源负荷图是资源平衡的重要工具。

（4）资源平衡就是通过延迟项目任务来解决资源冲突问题的方法
它以资源管理因素为主进行项目进度决策。资源平衡的主要目的就是更合理地分配使用的资源。项目经理应常检查网络图中的时差或浮动范围，来识别资源冲突。资源合理利用与优化的方法很多，最简单的中心思想是怎样实现"向非关键路线上要资源"，即利用非关键路线上存在的时差进行调整，促使资源负荷均衡化。这种平衡是在实际网络计划已经确定的条件下进行的，是在不影响（少影响）总周期的前提下，利用非关键路线上存在的时差，调整某些活动的进度时间，使整个计划需要的资源能较均衡、较合理地运用。进行资源平衡时，首先要确定平衡的对象和要达到的目标。对象和目标确定后，要准备一张项目网络图，并确定出关键和非关键工序及非关键工序的松地时间，然后进行资源平衡。资源平衡可以使项目资源需求得以均衡分布，使有限的资源得到更为合理和有效的利用；而资源配置技术则可以防止资源过剩造成的浪费，或资源短缺造成的对项目进度的影响，资源得以最优化的配置。

资源适当是指项目所拥有的资源恰好满足项目按计划建设的需要。

资源短缺主要是由两方面的原因造成的：一是制订项目计划时没有配置保证工作顺利实施的资源；二是项目建设要满足种种限制条件，而这些限制条件往往是某些资源的消耗限度。

3. 资源规划编制
编制资源规划最常用的方法是专家判断法、专家意见生成法、德尔菲法。

专家判断法通常应包括以下步骤：专家和参与者的选择；问题的阐述；产生备选方案；各方案的评价与选择；选定方案的实施与管理；上述某些步骤的反复迭代。

专家意见生成法即专家个人出主意的方法，包括头脑风暴法、书写意见法、讨论会法等。德尔菲法是以书面调查方式收集群中成员的意见，对所有收集到的意见进行统计处理、归纳和综合，经过多次信息反馈，意见逐步集中从而得到群的判断的方法。

（二）成本估算
房地产项目成本估算是指根据项目的资源需求和计划以及各种项目资源的价格信息，估算和确定房地产项目各种活动的成本和整个房地产项目总成本的一项项目成本管理工作。房地产项目成本估算的作用在于：它是房地产项目决策、项目融资、项目评价的依据；是房地产项目资源安排的依据；是房地产项目工期计划编写的依据；是房地产项目控制的依据；是房地产项目成本管理的起点。

项目成本估算求出完成项目活动所需资源成本的近似值（估算值），即成本估算是为完成房地产项目各项任务所需要的资源成本的近似估算。在估算成本近似值时，估算人员把造成最终估算差异的原因列入考虑之内，以便更好地管理项目。房地产项目成本估算是编制一个为完成房地产项目各项工作所需经费的近似估计。估算成本时，要考虑经济环境的影响。当项目成本估算涉及重大的不确定因素时，应设法减小风险，并对余留的风险考虑适当的应急备用金。

在项目周期中，项目成本估算的准确性将随着项目的进展而逐步提高。在启动阶段，

可以得出 −25% ～ +75% 的粗略量级估算；之后，估算的区间可缩小至 −5% ～ +10%。

成本估算包括识别和考虑各种成本计算方案。例如，设计阶段多做些工作有可能节省生产阶段的成本。成本估算过程必须考虑设计工作所额外付出的成本，是否能被所期望的节省补偿而且有余。

项目成本估算过程：影响房地产项目成本各因素的输入、成本估算过程、成本估算、输出以及其估算过程所采用的工具和技术。

1. 房地产项目成本各因素的输入
输入过程应收集下列资料：

工作分解结构（WBS），其用于成本估算的组织安排，并确保所有已识别工作均已得到估算。

资源需求，项目资源需求的描述。

资源价格，进行资源估算的人员或单位必须知道每项资源的单价 [如每小时人工成本，每立方码（1 立方码 =0.765 立方米）散装材料成本]，才能计算项目成本。如果不知道资源实际价格，则价格本身也需要进行估算。

活动历时估算，项目预算包括融资成本时，活动所需时间估算将会影响项目成本预算。

估算资料出版物，市场上可以买到的成本估算的数据。

历史信息，许多资源成本的相关资料往往可从以下一个或多个来源得到，包括项目档案，即参与项目的一个或多个组织可能保留有以往项目结果的记录，有助于成本估算。在某些应用领域，个别班子成员也可能保留有此类记录。成本估算数据库、历史资料往往可以在市面买到。项目班子知识，项目班子个别成员可能记得以前的实际或估计数据。这些记忆虽然有用，但是远不如有案可稽的结果可靠。

会计科目表，会计科目表描述了实施组织用于将财务信息记入总分类账中时的科目代号结构。项目成本估算必须纳入正确的会计科目范畴。

风险，房地产项目管理组织在进行成本估算时要考虑有关风险的资料（包括威胁或者机会），对成本能产生可观的影响。房地产项目管理应考虑每项活动的成本估算中风险影响的列入程度。

2. 估算过程所采用的工具和技术

（1）类比估算

类比估算又称自上而下估算，是指利用过去类似项目的实际成本作为当前项目成本估算的基础。当对项目的详细情况了解甚少时（例如在项目的初期阶段），往往采用这种方法估算项目的总成本。类比估算是一种专家判断。

类比估算的成本通常低于其他方法，其精确度通常较差。此种方法在以下情况下最为可靠：a. 以往的项目实际上而不只是在表面上相似；b. 进行估算的个人或集体具有所需的专门知识。

（2）参数模型法

参数模型法是指在数学模型中运用项目特点（参数）来预测项目成本。所建模型既可以是简单模型（民房施工每平方米居住面积成本相当于某个金额），也可以是复合模型。参数模型无论在成本上还是在准确性上，彼此相差都很悬殊。在下述情况下，参数模型有可能比较可靠：a. 用以建立参数模型的历史资料准确；b. 模型中使用的参数容易量化；c. 模型具有可缩放性。

（3）自下而上估算

自下而上估算是指先估算个别活动或工作包的成本，然后将个别估算汇总，算出项目成本总和。自下而上估算的成本准确性取决于个别活动或工作包的规模和复杂程度；较小的活动规模增加了估算过程成本，但也提高了估算的准确性。项目管理班子必须在提高准确性和增加成本两者之间权衡利弊决定取舍。

（4）计算机工具

项目管理软件、棋盘式电子表格程序、模拟统计工具等电脑化工具被广泛用作成本估算的辅助手段。此类产品可以简化上面提到的各种工具的使用，从而便于我们迅速考虑多项成本估算方案。

3. 房地产项目成本估算成果

（1）成本估算

成本估算是指完成项目活动所需资源可能成本的定量估计，其表述可详可略。所有项目计价资源的成本均应列入估算范围，其中包括但不限于人工、材料、物资，以及诸如通货膨胀津贴或成本储备等特殊范畴。成本估算一般用货币单位表示，以便于项目内部与项目之间的比较。在有些情况下，估算人员可采用计量单位估算成本，例如，以工时或工作日进行成本估算，以促进适当的管理控制。成本估算通常考虑适当的风险应对规划，如应急计划。通过在项目进行过程中逐步细化，成本估算得以反映新增加的各项细节。在有些应用领域，已经具备了此种细化应在何时进行以及细化到何种精确度的指导准则。

（2）辅助细节

成本估算的辅助细节应包括：所估算工作的范围描述，通常以援引工作分解结构方式提供；估算根据的文字记载，即估算如何进行的说明；所做假设的文字记载；关于可能结果变化范围的记载。辅助细节的形式与数量因应用领域而异。保留下来的笔记，即便十分粗糙，可能也有用，有助于更透彻地理解估算是如何进行的。

（3）成本管理计划

成本管理计划描述成本偏差应如何管理（如大问题与小问题应区别对待）。根据项目利害关系者的需要，成本管理计划既可采用正式形式，也可采用非正式形式；既可十分详尽，也可极其简要。它是项目计划下属的一个组成部分。

（三）成本预算

房地产项目成本预算是在房地产项目成本估算的基础上，将成本分摊到房地产项目的各项具体活动和各个具体项目阶段上，为房地产项目成本控制制订基准计划的项目成本管理活动，它又称为项目成本计划。房地产项目成本预算提供的成本基准计划是按时间分布的、用于测量和监控成本实施情况的预算。它包括：根据房地产项目成本估算向项目各个工作单元与活动分配预算定额，确定房地产项目的总预算；制订房地产项目成本控制标准，规定房地产项目不可预见费的划分和使用规则等。

1. 成本预算的特性

（1）成本预算比成本估算更具权威性

成本预算经过项目班子审定以文件形式确认，流程更规范，具有正式性；它作为资源分配计划，明确各项目小组可获资源，为项目执行提供确定依据。

（2）项目成本预算具有约束性和控制性

项目预算作为一种资源分配计划，其结果对项目管理人员来说是一种约束，所涉及人员只能在这种约束范围内活动。而项目成本预算作为一种控制机制，可以成为一种比较标准而被使用，用来度量资源实际使用量和计划使用量之间的差异。

2. 编制房地产项目成本预算

房地产项目成本预算的编制工作包括确定房地产项目的总预算、分解确定房地产项目各项活动的预算、房地产项目成本预算调整和编制成本基准计划。项目成本预算的编制过程按以上工作顺序开展，最终输出房地产项目成本预算的结果。房地产项目成本预算有一个重要的功能，就是测量和监控房地产项目的成本执行情况，通过按时段检查项目成本预算的使用情况，可以对整个项目的实施进行动态管理，并保证房地产项目生产的有序进行。房地产项目成本预算就其内容来讲，要根据其房地产项目的行业性质进行，包括编制房地产项目成本预算的基本流程及一般工作内容和方法。

已经批准的房地产项目成本总估算被称为项目成本预算总额。在确定成本预算总额时，可以将目标成本管理与项目成本过程控制管理相结合，即在房地产项目成本管理中采用目标成本管理的方法设置目标成本，并以此作为成本预算。确定目标成本的方法主要有四种，即目标利润法、技术进步法、按实计算法和历史资料法。

目标利润法是以销售价格、目标利润倒算目标成本。它是根据项目产品的销售价格扣减目标利润后得到目标成本的方法。以此方法确定目标成本的实施步骤：a. 取得合同价格；b. 设定总目标利润；c. 根据销售价格、目标利润计算税金并确定基本的总目标成本。如某项目合同价为1000万元，计划利润和税金以及企业管理独立费为100万元，则项目的目标成本为900万元（1000万元 −100万元）。

技术进步法是指以某项目计划采取的技术组织措施和节约措施所能取得的经济效果作为项目成本降低额，求项目目标成本的方法，也称为技术节约措施法。用公式可表示为项目目标成本 = 项目成本估算值 − 技术节约措施计划节约额（降低成本额）。按实计算法就是以项目的实际资源消耗分析测算为基础，根据所需资源的实际价格，详细计算各项活动或各项成本组成的目标成本。

3. 分解确定各项活动的预算

根据编制房地产项目成本预算的基本流程，房地产项目成本预算总额确定后，在房地产项目工作分解结构（WBS）的基础上，自下而上或自上而下地把房地产项目预算分配到每项具体工作中去。这一过程又叫作制订项目成本计划。

房地产项目成本的分解，可以根据管理的需要，按照不同的标准进行。通常可以按成本构成要素、项目构成的层次、项目工期计划或上述标准的组合进行分解。基本分解方法是自上而下、由粗到细，将项目成本依次分解、归类，形成相互联系的成本分解结构。

按成本要素分解项目成本，即将总成本分解为直接费、间接费直至人工费、材料费、机械费、管理费等项内容。

按项目组成分解目标成本，即将总成本分解到项目的各个组成部分，如子项目、任务或工作单元。

按项目工期计划分解即根据项目工期计划要求，将项目成本按时间分解到各年、季度、月、旬或周，以便将资金的应用和资金的筹集配合起来，同时尽可能减少资金占用和利息支出。制定基于时间进度的成本预算方案，通常可利用控制项目进度的网络图进一步扩充而得。即在建立网络图时，一方面确定完成各项活动所需花费的时间；另一方面同时确定完成这一活动的合适的预算。然而在实际操作中，想把工程项目分解得既能清晰展现时间安排，又能精准体现成本预算并非易事。通常情况下，如果项目分解程度对时间控制合适，那么对成本支出预算就可能分配过细，以至于不可能针对每项活动确定其成本支出预算，反之亦然。因此，编制网络计划时应在充分考虑进度控制对项目划分要求的同时，考虑确定成本支出预算对项目划分的要求，做到二者兼顾。

综合分解是同时按照几种标准进行组合分解，以便于进行房地产项目的成本管理。

以上几种编制成本预算的方法并不是相互独立的。在实践中，往往是将这几种方法结合起来使用，从而达到扬长避短的效果。例如，将按子项目分解项目总成本与按成本要素分解项目总成本两种方法相结合，横向按子项目分解，纵向按成本要素分解，或相反。这种分解方法有助于检查各单项工程和单位工程成本构成是否完整，有无重复计算或缺项；同时还有助于检查各项具体的成本支出的对象是否明确或落实，并且可以从数字上校核分解的结果有无错误。还可将按子项目分解项目总成本目标与按时间分解项目总成本目标结合起来，一般是纵向按子项目分解，横向按时间分解。

（四）房地产项目成本预算的调整

房地产项目成本预算的调整是对已经编制的预算成本进行调整，使成本预算成为既先进又合理的过程，分为初步调整、综合调整和提案调整。这种调整往往需要反复多次才能完成。

1. 初步调整

初步调整是借助工作任务一览表、工作分析结构、项目工期计划、成本估算在内的预算依据，在项目成本预算后，对某些工作任务的遗漏和不足、某些工作活动等出现的偏差进行调整。预算调整都是从初步调整开始的。因此，初步调整主要是指在预算编制出来以后，为了保证预算更加准确，对一些可能不够准确的地方进行再调查，并根据实际情况进行修正。例如，在项目成本预算中，有些设备和产品的价格可能是依据前两年或更早的价格记录推算出来的，正常情况下变动可能不大，但不能排除有时价格由于某些条件出现较大的波动而影响预算的质量的情况，所以，预算后进行初步调整是非常重要的。

2. 综合调整

进行综合调整是因为项目总是处在变化当中。例如，开发一个房地产项目，一个新条例的实施可能会使地产税上涨一个百分点。又例如，项目所需的一种原材料需从某国进口，而该国政治局势的紧张使得供应出现短缺，价格开始上扬；比如国家为了抑制经济过热，使得项目融资成本大幅度上涨。总之，由于项目所处环境发生了变化，项目预算也会发生相应的变化，这时就需要对预算做出相应的综合调整，但是这种综合调整不像初步调整那样确定和明了，在这里更多依靠的是对政治经济形势的敏感，凭借的是管理者的直觉和经验。

3. 提案调整

提案调整是当财务、技术人员编制的项目预算已经接近尾声，并认为合理可行时，就可以把它写进项目预算，提交审议。这是一个非常关键的阶段，需要说服项目经理、项目团队和主管单位，最后还要求得到客户的肯定，使多数人认为该预算是适当的和周密的。当然，提交的提案难免会遭到质疑和反对，此时要回到第一步、第二步中继续进行调整，直到最后获得普遍赞同。

（五）偶然性计划

房地产项目进展过程中，难免发生意想不到的事情。在制订成本基线的时候，应该将这些偶然因素考虑进去。当一个房地产项目被提出来以后，我们很难对于整个项目可能需要的所有资源有一个很全面的概念，但是，我们需要开始确定范围，假设交付方法等问题，并估计项目的持续时间和项目费用，获得认可，然后开始工作。预先进行的估计只是一个估计，只有当房地产项目结束了之后才能够知道该房地产项目所用的工作量、费用和时间。在这个过程中，我们需要处理预计之外的不确定和风险问题，即偶然性计划。

1. 估计偶然性

所有的项目都存在一定程度的不确定性。可以通过使用一个偶然性预算来解决估计的不确定问题。如果你相信你的估计有 80% 的准确性，你就需要 20% 的偶然性预算。

2. 计划中的储备

一些项目需要项目经理对意外做好更充足的准备。房地产开发项目必须为偶然需要的资源以及在需要时怎样能够获得它们做好准备。要制订一个策略来保证需要的时候能够获得储备资源，这些资源可能是人力资源也可能是非人力资源，如时间、硬件、设备或者获得增加的资源补给等。

3. 把储备计划作为风险计划的一部分

使用下面的步骤来确认对于储备的需求并在需要时准备好它们。a. 承认这种需求。重要的一步是理解房地产项目对于储备的需求。对储备资源的需要通常属于项目风险管理策略的一部分，在项目之初，项目经理就应该认识到一些项目风险，并且为降低这些风险而保留一定的资源储备。b. 确定费用和收益。显然保留一些可能需要的资源会有好处。但是通常这样也会产生额外的成本。确定、制订并执行风险计划需要花费一定的项目时间，更多的时候还需要耗费额外的项目费用和大量的工作来满足你的需求。c. 获得赞同。关于风险、费用和收益的信息应该被提交给项目发起人，以获得批准。需要确保项目发起人同意的储备计划能够有效地降低项目的风险。还需要项目发起人认识到增加成本的必要性，并能够在项目需要获得额外资源时批准增加项目费用。管理风险计划和风险计划有关的行为应该在工作计划和管理计划中提前被考虑到。项目经理应该根据进程对风险进行再评估，可能是每月一次或者在重要事件结束之后，以检查是否还需要储备，以及这些储备是否能够有效降低项目的风险。

五、房地产项目成本控制

房地产项目成本控制是指在项目实施过程中，为了确保在不确定的条件下不超出项目预先设定的预算成本，项目组织根据项目实施前拟订的计划和标准。在项目执行过程中，追踪房地产项目成本数据和执行情况，运用多种方法，将实际发生成本与计划成本进行比较、检查、监督和引导，修正初始的成本预算。在贯彻项目预算中，尽量使项目的实际成本控制在项目预算基准范围内的一系列管理过程。房地产项目成本控制包括成本预测、计划、实施、核算、分析、考核、整理成本资料与编制成本报告，通常采用的方法包括成本变更控制系统、绩效测量、补充计划编制和计算机工具。

（一）房地产项目成本控制的流程

房地产项目成本控制的流程主要包括以下几项：

①监控成本执行情况，查明与预算的偏差。
②确保所有适宜的更改已经在成本基线中准确地记录下来。

③通知已批准的更改相关的部门。

④进行控制。

具体来看，房地产项目成本控制工作首先从确定工作范围开始。控制工作范围包括成本预算和工作工期计划。房地产项目具体工作开始实施后，就要进行检查和跟踪工作，然后对检查和跟踪工作的结果进行分析，预测其发展趋势，做出成本进展情况及发展趋势报告。根据进展报告和发展趋势报告，做出下一步行动计划的决策。总而言之，就是依据进展报告和发展趋势报告，采取具体的纠偏措施。

（二）房地产项目成本控制的依据

成本控制的依据是成本基线、进度报告、变更申请和成本管理计划。

进度报告提供成本执行方面的信息，该报告可以使用多种方法来报告成本信息，较常用的是开支表、直方图和 S 形曲线等。成本管理计划根据项目相关方的需要，说明如何管理成本的偏差。

1. 成本基线

成本基线即按时间段编制进行的预算，可以用来测量和比较项目的实际开支情况。

2. 进度报告

进度报告记录了有关项目范围和成本实施情况的资料，如预算计划的完成情况。同时它还能提醒项目团队注意将来可能出现的问题。

3. 变更申请

项目有关各方提出的变更申请有可能增加或减少预算，其形式多种多样——口头的或书面的、直接的或间接的、外部的或内部的、强制性的或选择性的。一般情况下，口头请求必须在变更之前形成书面文件。

4. 成本管理计划

成本管理计划说明了如何管理成本偏差，并针对不同问题提出了具体对策。成本管理计划视具体情况而不尽相同，其形式有详有简，有正式的，有非正式的，关键是根据项目相关各方的需要来确定。

（三）房地产项目成本控制的方法与技术

房地产项目成本控制的方法与技术包括项目成本变更控制系统、补充计划编制等。

1. 项目成本变更控制系统

项目成本变更控制系统是一套变更项目计划对应遵循的程序，它定义了改变成本基准计划应遵循的程序，其中包括书面文件、跟踪系统和授权变更所必需的批准级别。要实施有效的变更控制，项目团队必须建立一套完善的变更控制系统，成立一个变更控制委员会。变更控制系统应明确变更控制委员会的责任和权限，并得到所有项目干系人的认可。

2. 补充计划编制

大多数房地产项目在实施过程中不能准确地按照预定计划进行，因此需要新的或修订的成本估算或替代方法，以便分析未来的变化。

六、房地产项目重要阶段的成本控制

房地产开发成本控制对房地产的发展乃至国民经济的健康发展有着重要的意义。房地产项目成本应该从自身的经营战略以及房地产开发项目各阶段进行全过程成本管理与控制，用科学的方法和合理的管理措施，把每一阶段的成本控制在合理的范围和核定的投资限额以内，以取得较好的投资效益。

（一）土地获取阶段的成本控制

开发用地是房地产企业的生命线，是房地产企业发展后劲的主要标尺，土地不同于其他生产原料，难以从市场上随时购得，房地产企业如不能提前购入一定量土地，经营的持续性都会遇到挑战。随着国家土地和房地产金融调控政策的不断调整，房地产企业不断进行融资渠道创新，资本规模急剧扩张，土地购置面积也越来越大，越来越多的房地产企业难以拿到土地。

1. 正确评估竞买地块土地区位、土地现有价值和土地潜在价值

土地成本是房地产项目成本的重要组成部分，由于土地价格在房地产项目开发成本中所占比例较大，因此获取土地的价格对于开发商能否达到预期的回报率至关重要。这就要求房地产开发企业对竞买地块土地区位、土地现有价值和土地潜在价值有充分、准确的评估。

2. 熟悉房地产市场现状，精准预测房地产市场发展趋势

北上广深等超一线城市房地产市场速度不减，一线城市升降不一，二、三线城市楼市出现整体下行态势。对房地产市场未来走势众说纷纭，但房地产市场"黄金时代"已经基本结束的认识赢得了绝大多数人的认可，熟悉、适宜房地产市场的新常态，正确预测开发项目所在区域房地产市场发展趋势，准确预测开发项目所在区域未来房地产产品价格，

利用假设开发法等精准计算合适的土地价格，方可在土地获取阶段控制土地成本。

3. 避免"地王"误导，盲目跟风

近几年，部分城市供需失衡助推了房价的上涨预期，房地产市场火爆情绪蔓延至土地市场，使得房企"补库存"欲望强烈，北上广深和一、二线城市土地市场的高总价、高单价（楼面价）、高溢价"三高"地块频现。几乎所有拍出的"地王"，其楼面地价均高于周边在售的商品房价格，尤其是在"房地产市场信息比较混乱，市场对房价走势的预期出现一些变化，群众普遍担心房价反弹"的情况下，房地产企业应避免"地王"误导，不要拿个别"地王"价格与当下房地产市场进行简单对照。值得深思的是，许多"地王"并没有成为当地的"楼王"。各级政府作为土地市场的供应者，需加快土地供给侧改革，如对总价较高的地块，实行分割处理，划为多宗地供应。对地段较好、单价较高的优质地块，综合采用多种竞价方式或招标出让，或提高付款难度，或与条件较差的土地放在一起供应；对可能出现过度竞争的地块，选用"竞地价、竞配建"等多种竞价方式，构建良性竞争的市场环境，避免过度竞争、恶性竞争形成高价地。

4. 常用获取土地的策略

常用获取土地的策略主要有顺周期策略、逆周期策略、非周期策略三种。

顺周期策略即在经济上升期，市场需求增加，倾向于增加土地投资，土地投资上升会推动房地产开发规模扩大和经济增长，从而又会进一步增加土地需求；反之，在经济下滑期，土地投资会减少。实证研究表明，土地投资对经济周期波动的贡献度均为正值，说明企业的土地投资加剧了经济波动，尤其是"去库存化"对经济下滑的放大效应尤为突出。

逆周期策略类似于股市"抄底"，即在经济上升期，市场需求增加导致土地价格上涨，减少土地获取量；反之，在经济下滑期，土地价格下降，增加土地获取量。

非周期策略主要是根据自身发展战略获取土地，土地获取受经济环境等影响较小。

（二）设计阶段的成本控制

设计是在技术和经济上对拟建房地产项目的实施进行的全面安排，也是对房地产项目进行规划的过程。它根据建筑物的功能要求，具体确定建筑标准、结构形式、建筑物的空间和平面布置，以及建筑群体的总体安排等。所以设计阶段实际上是确定工程成本的阶段和确定工程价格的基本阶段，一个工程项目的最终资金投放量的多少要看设计的结果如何。拟开发的住宅房地产项目经过决策确定后，设计阶段就成为该项目建设的关键，对于该项目的建设工期、工程造价、质量，以及日后的市场销售能否获得

较好的经济效益起着决定性作用。

首先，合理的设计是施工阶段成本控制的前提。设计费在建设工程全过程费用中的比例不大，一般只占成本的 1% ~ 3%，但对工程成本的影响可达 80% 以上。

其次，优秀的设计方案是商品房开发的重要卖点。优秀的设计方案可以吸引消费者的关注，进而对项目的销售和利润产生积极影响。然而在房地产项目的实际推进中，各阶段对成本的影响错综复杂，设计阶段尤为关键。

在房地产开发项目的设计阶段，目前面临着诸多挑战。房地产开发项目设计阶段高素质管理人员较少，成本控制难度大；由于工期紧张等原因导致设计深度不够，设计变更导致成本失控；设计方案的技术经济分析比选落实不到位；设计单位成本控制积极性不高。

设计阶段成本控制策略主要是实行设计方案招投标，优化设计；实行限额设计，有效控制造价；加强对设计图纸的会审与审查；深入应用价值工程原理，筛选设计方案。

设计阶段成本控制的措施主要有以下几点：

①委托设计时，向设计单位提供尽可能详细的项目已知资料和规划技术指标。
②初步设计时，根据批准的项目建议书的成本估算，向设计单位明确工程造价的最高限额，为成本控制提供总依据。
③施工图设计时，重点考虑尽量采用低成本的建筑结构形式。
④基础结构形式必须依靠真实的地勘资料。
⑤施工阶段的设计变更，采取先算账、后变更的办法，有效控制成本支出。

（三）招投标阶段的成本控制
招投标阶段成本控制的主要措施包括以下几点：

①选择合理适当的招标方式和评标原则，通过招标文件设置的有利条件，选定信誉好、能打硬仗的施工单位。
②合理准确地确定招标标底，为合同价的确立奠定基础。
③完善合同条款，规避合同风险。
④对大宗材料或大型设备实行单独招标采购或甲供。
⑤对一些工艺简单、总价小、符合邀请招标条件的项目，可多邀请施工单位报价，通过竞争来达到压低造价的成本控制目的。

（四）施工阶段的成本控制

施工阶段的成本控制主要是通过工程付款控制、工程变更费用控制、预防并处理好费用索赔和挖掘节约工程造价潜力来实现的。

工程进入施工阶段，由于工程设计已完成，工程量已完全具体化，因此影响工程成本的可能性只有 5% ~ 10%，节约投资的可能性已经很小。但工程成本却主要发生在这一阶段，浪费投资的可能性很大。可以说施工管理水平的高低直接影响工程造价，做好施工阶段的成本控制也是整个建设项目成本控制的重要组成部分。

1. 认真做好施工组织设计的审查

对施工组织设计进行审查和优化，目的是使成本、质量、工期三者的关系得到正确处理，在保证工程质量和满足工期的前提下，尽可能选择节省工程造价的施工方案。

2. 严格控制工程变更及现场签证

变更前，要进行工程量和成本的增减分析，论证变更的必要性。现场签证是在项目施工过程中，对超出合同范围或超出施工图纸外的工程量或工作量增减进行现场记录、确认、审核，形成书面记录，为办理补充预算、工程付款、工程结算提供依据。现场签证前，要论证签证的合理性。如属合同责任范围内的项目，则不应办理签证补偿，由施工方自行消化。签证的工程量一定要通过现场实测，避免事后估算；在造价方面变事后被动控制为事前主动控制。及时完善变更与签证的报批手续。

现场签证管理应做到：a. 一单一算原则，一个现场签证单应编制一份预算，且对应一个工程合同；b. 量价分离原则，现场项目部只确认发生的工程量，套价由成本部门负责；c. 完工确认原则，当现场签证完工后，项目经理部、监理单位、施工单位必须在完工后 5 日内三方签字确认，如属隐蔽工程，必须在其覆盖之前签字确认；d. 先估价后施工原则，施工前先估价，然后按权限审批执行；e. 时间限制原则，对现场签证及补充预算的办理在合同中实行严格的时间限制，严禁过后补办的做法；f. 一月一清原则，成本部门对承建单位上月的补充预算应该审核完毕；g. 权力限制原则，对现场签证管理实行严格的权限规定，不在权限范围之内的签字一律无效。

3. 强化施工合同和索赔管理

仔细研究合同条款，分清双方的风险和责任，对可能产生的索赔事项应当有所预测，及时采取补救措施，有效避免索赔事件的发生。做好日常例会及处理技术、进度、质量、投资等重大问题的会议记录；做好甲乙双方收发文件的登记记录；为避免索赔提供依据。当对方提出索赔申请时，应积极应对，找出反索赔的理由。

4. 谨慎支付工程进度款

进度款的支付要与已完工的质量合格工程量相匹配，一般应控制在已完成造价的 80% ~ 85%，严禁超额支付。

第三节　房地产项目成本决算与审计

一、房地产项目成本决算

（一）房地产项目成本决算的定义

房地产项目管理的目标就是要保证项目在规定的时间和预算内，在保证项目质量的前提下，按要求完成计划工作，提交项目产品，使业主或顾客满意。为此，在项目的结束阶段，就有必要对项目的花费进行核算，以明确项目实施过程是否超支。房地产项目的费用决算就是依据项目合同和合同的变更，确定项目生命周期各个阶段所支付的全部费用，然后形成项目决算书，为最后房地产项目的验收提供依据。

（二）房地产项目决算书

项目决算书应该包括文字说明和决算报表两部分内容。

1. 文字说明

文字说明主要包括工程概况、设计概算、实施计划和执行情况、各项技术经济指标的完成情况，项目的成本和投资效益分析、项目实施过程中的主要经验、存在的问题、解决意见等。

2. 决算报表

大、中型项目的决算报表包括竣工项目概况表、财务决算表、交付使用决算表、交付使用财产总表、交付使用财产明细表等；小型项目决算表则只需提供决算总表和交付使用财产明细表。

二、房地产项目审计

（一）房地产项目审计的概念

房地产项目审计是整个项目管理系统的一个组成部分。其是指国家或企业的审计机构依据国家的法令和财务制度，以及企业的经营方针、管理标准和规章制度，对项目的全部或部分建设活动，用科学的方法和程序进行审核检查，判定其是否合法、合理和有效，借以发现错误、纠正弊端、防止舞弊、改善管理，保证投资目标顺利实现的一种活动。

（二）房地产项目审计的特点

对项目建设实行审计制度可以有效地监督项目实施活动，防止不符合国家法规、企业标准的行为发生；可以对项目的计划、实施工作进行科学评价；可以对项目有关资料的真实性和正确性予以权威性的鉴定；可以为项目组织提供有力的支持，帮助其改善管理、提高工作效率，更加有效地利用现有资源，提高项目的经济效益。

房地产项目审计具有以下特点。

1. 独立性

房地产项目审计独立于项目组织之外，其工作不受项目管理人员的制约，审计人员与项目无任何直接的行政或经济关系。审计人员的权力由国家或企业授予，代表国家或企业对项目建设实施审计监督并评价其经济责任，客观地向国家或企业报告审计结果。

2. 权威性

项目审计具有高度的权威性，其依据是法规和标准。法规是指法律、法令、条例、规章制度，以及方针、政策等。标准则是指各种技术标准和管理标准，不代表任何个体的主观意志，因而审计结构具有很高的权威性。

3. 科学性

项目审计是一项科学性的工作，它不仅在审计实施过程中具有科学的程序，而且能运用各种科学的方法。

（三）项目审计的职能

项目审计的职能包括以下内容。

1. 经济监督

经济监督是指对项目的全部或部分建设活动进行监察和督促，就是把项目实施的具体情况与其目标、计划和规章制度、各种标准，以及法律法令等进行对比，把其中不合法规的经济活动找出来。

2. 经济评价

经济评价是指通过审计和检查，评定项目的重大决策是否正确，项目计划是否科学、完备和可行，实施状况是否满足工程进度、工期和质量目标的要求，资源利用是否优化，以及控制系统是否健全、有效，机构运行是否高效等。

3. 经济鉴定
经济鉴定是指通过审查项目实施和管理的实际情况，确定相关资料是否符合实际，并在认真鉴定的基础上做出书面的证明。

4. 支持
支持是指通过实施审计，提出改进项目组织、提高工作效率、改善管理方法的途径，帮助项目组织者在合乎法规的前提下，更合理地利用现有资源，顺利实现建设项目的目标。

（四）房地产项目审计的程序
项目审计的生命周期与项目本身相类似，审计工作也有自己的生命周期，其生命周期由一套秩序井然的程序构成。这一程序就是指审计部门对项目进行审计时，从开始到结束的全部过程以及其中采取的步骤。

1. 房地产项目审计启动
在实施审计之前要进行充分周密的准备，这是保证审计工作达到预期目的的前提。项目审计能否发挥应有效用以及效用的大小，在很大程度上取决于准备工作。通常审计准备主要包括以下工作。

（1）选择审计项目、明确审计目的、确定审计范围
有时候一个企业在建或拟建的项目很多，每个项目需要审计的范围也各不相同，因而在实行审计之前要对审计的项目和范围进行选择，同时明确审计的目的。这项工作通常在主管领导的指示或支持下进行，所选的项目及其审计领域一般会有明确的范围。这样做可以提高审计效率，做到有的放矢。

（2）建立审计工作组织
项目审计的工作组织应由主管领导和审计机关的领导协商确定，理想的形式是由审计机关的专职人员负责和组织，并根据审计内容的要求增加其他专家。在组建审计组织时，主要应该考虑审计领域对技术和非技术专家及其经验的要求。

（3）了解概况，准备资料
要了解项目的基本状况，包括项目的组织形式、投资目的、参与建设的承包公司等；

要熟悉和收集有关项目建设的法规、政策、标准，以及被审项目的各种文件，如项目计划、项目合同。

（4）制订项目审计计划
主要是指根据审计的目的和范围，确定日程安排和工作步骤以及提出包括审计重点在内的详细提纲。

2. 建立项目审查基准

建立项目审查基准是指确定能够反映并评估项目实施好坏的具体标准。其具体工作包括：划分审计领域；对各领域建立一套评估基准；明确管理层对各个不同领域的绩效期望；建立收集信息的工作规范。

3. 实施项目审计

实施项目审计是整个审计工作最重要、工作量最大的阶段。其主要工作包括：针对确定的审计范围实施常规审查，从中发现常规性的错误和弊端。这项工作内容繁杂，既包括定性的审查，也包括定量的审查，有时还需要进行大量的计算；对可疑的环节或特殊领域进行详细审核和检查。如将贪污盗窃、营私舞弊、严重渎职等行为通过这一工作予以查清，问题较严重时还会涉及内查外调、查账对证、接受群众检举等，因而，搞好这项工作必须掌握政策界限，协同项目管理人员纠正错弊事项。在审计中发现的错误和舞弊现象，要帮助或协同项目管理人员及时纠正，避免影响日后的工作。一些重大的违法违纪问题，还要等待汇报主管领导或部门后再做处理。

4. 准备项目审计报告

审计报告是审计工作组集体工作的最终产品，审计工作的成果和后续行动的效果将取决于报告编写的质量和提出的方式。这个报告要在征求项目管理人员意见的基础上，对所获得的资料进行综合归纳、分析研究，进而对审计事项做出客观、公正和准确的评价。最后，将作为审计结果和结论的报告送交有关部门。

5. 项目审计终结

在审计报告的建议部分，审计人员应尽量明确采取纠正行动的部门和人员。当这些部门和人员属于项目组织之外的企业支持系统时，企业决策者应迅速做出决策，解决错弊和偏差。审计的后续工作是一系列重要且连贯的任务，其中之一是及时跟进决策的执行情况。审计的后续工作之二是吸取被审计项目的教训。项目审计结束之后，相关的人员要认真进行反思，杜绝日后再发生类似问题，起到治标、治本的作用。项目审计的最大效益就在于此。最后，作为项目审计的后续工作，应将审计过程中的全部文件，包括审计记录以及各种原始材料整理归档，建立审计档案，以备日后查考和研究。

（五）房地产项目审计的内容
项目审计工作要对项目各个阶段、方方面面的工作进行深入、系统的调查和监督。项目审计工作的内容主要有以下几方面。

①检查审核项目的实施现状，是否按照项目计划完成工作。
②检查审核项目建设活动是否符合相关规章制度的规定。
③检查审核项目建设活动是否符合国家的政策、法律、法规和条例，有无违法乱纪、营私舞弊等现象。
④检查审核项目建设活动是否合理。
⑤检查审核建设项目的效益。在项目建设前期是指对投资效益进行审计，在项目建设期间则是指对有效利用资源进行审计。
⑥检查和审核各类项目报告、会计记录和财务报表等反映项目建设和管理状况的资料是否真实和公允，有无弄虚作假或文过饰非的现象，有无只报喜不报忧的问题。
⑦在检查审核项目建设和管理状况的基础上，提出改进建议，为企业决策者提供决策依据，促使项目组织改善管理工作。
⑧项目审计的局限性。制约或影响本次项目审计工作的因素有哪些，如何消除。

以上八项任务都要在维护国家和企业的利益，将项目成功、顺利建成的前提下完成。

另外，项目实施阶段以前和以后的各项工作也是项目审计的工作内容，包括对项目可行性研究工作的审计，对项目计划的审计，对项目组织（指对项目组织形式、项目经理和项目成员）进行的审查，对项目招投标工作的审计，对项目合同的审计，对项目竣工验收的审计，对项目建设经济效益的审计，对项目成员绩效的审计。

为了更好地配合审计小组的工作，发挥审计工作的特殊职能，项目经理应该树立正确的态度，不应该将项目审计小组置于同项目组织完全对立的一面，要消除抵触情绪，积极配合工作。项目经理应该准备好有关的项目资料，及时提交给审计人员。这些资料主要包括关于项目一般性描述的文件、有关项目环境的文件、项目组织机构和成员状况、项目的工作计划、项目目前状态报告、最近一次审查要求解决的问题、目前存在的问题和计划解决措施等。

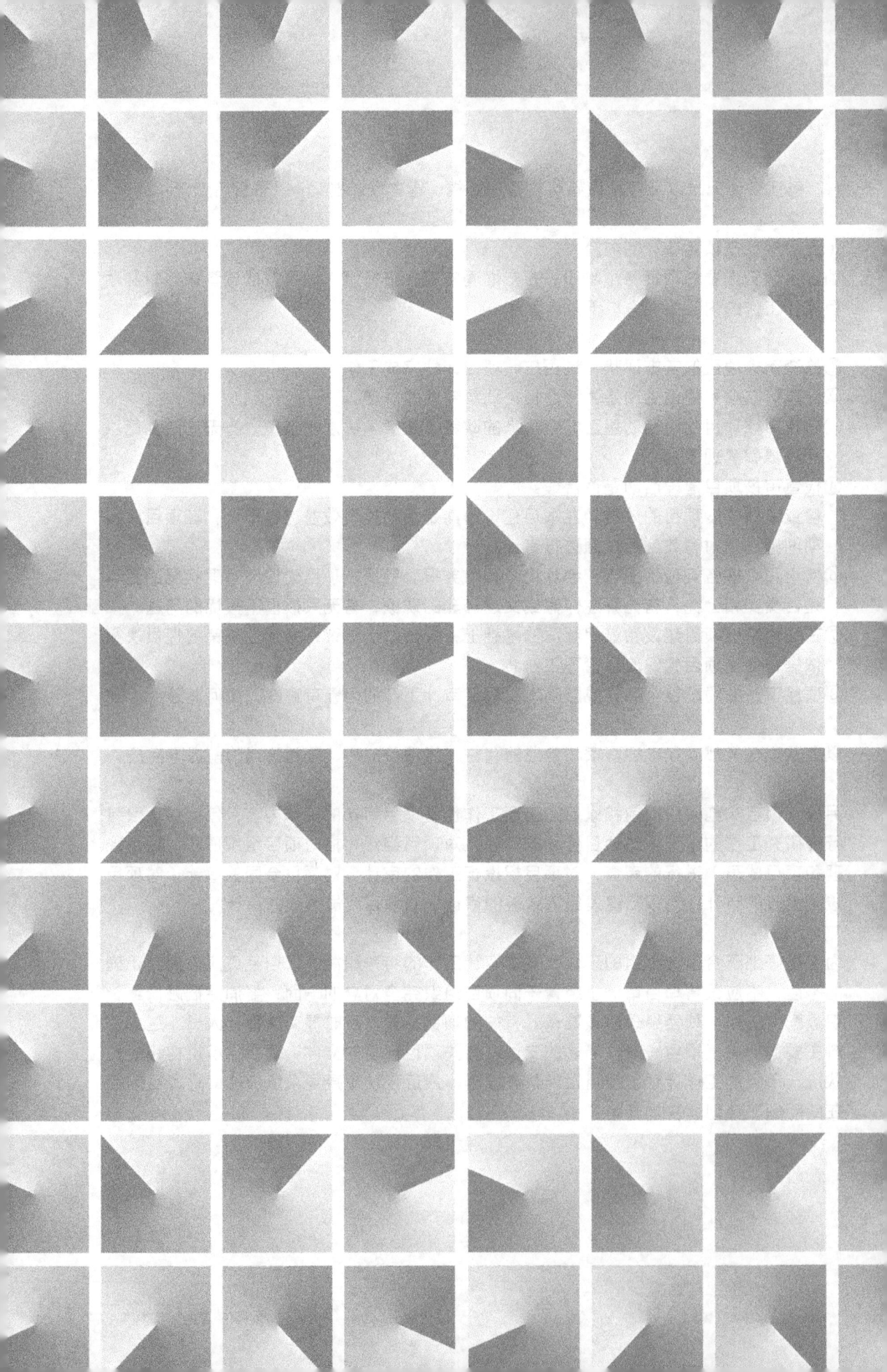

第六章
房地产项目后期管理

第一节 房地产项目竣工验收

房地产项目的竣工验收是房地产项目施工过程的最后一道程序，也是房地产项目工程管理的最后一项工作。其是建设投资成果转入生产或使用的标志，是全面考核、检验设计和施工质量的重要环节。

换个角度来看，房地产项目竣工验收可以给投资者一个明白，给承包商一个清白，给使用者一个保障。

一、房地产项目竣工验收的作用

房地产项目竣工验收的主要作用表现为以下几方面。

（一）确保项目按设计要求的各项技术经济指标正常使用

全面考核建设成果，检查设计、工程质量是否符合国家权威管理部门的技术规范、技术标准要求，确保建设项目按要求的各项技术经济指标正常使用。可以督促承包商自觉地按照合同规定的义务，认真做好项目质量、进度控制、按期交工。同时，配合投资者做好项目的资料移交、归档，并总结经验教训，不断提高管理水平。

（二）为提高建设项目的经济效益和管理水平提供重要依据

通过竣工验收，检验建设项目决策、设计、设备制造和管理水平，以及总结建设经验和房地产项目建设经验，为提高建设项目的经济效益和管理水平提供重要的依据。

房地产项目竣工验收是投资者全面检验项目目标实现程度、投资效果，并就工程投资、工程进度和工程质量进行审查和认可的关键环节。

（三）房地产项目转入投产使用的必要环节

房地产项目的特殊性使得一般使用者很难全面、精准地识别、判断其质量、安全等是否符合国家技术标准等，竣工验收以第三方权威机构的身份为所有者、使用者提供了保障。正因为项目竣工验收极为重要，所以，国家对其有严格的管理。有关法律规定：已具备竣工验收条件的工程，三个月内不办理验收投产和移交固定资产手续的，取消企业和主管部门（或地方）的基建试车收入分成，由银行监督全部上缴财政。凡未经竣工综合验收备案、未取得建设工程档案合格证的项目，房屋登记部门不予受理。房地产开发企业在延续、核定开发资质等级时，以房地产开发项目竣工综合验收备案证明作为开发经营业绩的认定依据。

二、房地产项目竣工验收的依据

①上级主管部门对该项目批准的各种文件。
②可行性研究报告。
③施工图设计文件及设计变更洽商记录。
④国家颁布的各种标准和现行的施工验收规范。
⑤工程承包合同文件；技术设备说明书。
⑥建筑安装工程统一规定及主管部门关于工程竣工的规定。

另外，从国外引进的新技术和成套设备的项目以及中外合资建设项目，要按照签订的合同和进口国提供的设计文件等进行验收；利用世界银行等国际金融机构贷款的建设项目，应按世界银行规定，按时编制项目完成报告。

三、房地产项目竣工验收的内容

根据国务院相关法规规定：房地产项目竣工综合验收适用于建设用地规模在两万户以上的新建住宅小区及组团。但是，大部分地域在制订地方性规范时，大多规定所有的房地产开发项目均需要竣工综合验收。

竣工综合验收包括以下内容。

①开发项目是否按照建设条件意见书的要求进行建设。
②开发项目是否按照审批确定的规划开发建设。
③基础设施和配套公用设施是否按照规划建设，并达到使用条件。
④单项工程是否符合国家规定的工程质量验收标准，质量验收手续是否完备。
⑤住宅产业化技术要求是否落实。
⑥前期物业管理是否落实。
⑦拆迁补偿安置方案是否落实。
⑧工程技术档案和施工管理资料是否完整。
⑨法律、法规等规定需要验收的其他事项。

四、房地产开发项目单位工程验收与单项工程验收

单位工程是具有独立的设计文件，具备独立施工条件并能形成独立使用功能，但竣工后不能独立发挥生产能力或工程效益的工程，是构成单项工程的组成部分，如房地产

项目地基工程、给水工程等。一个独立发挥功能或效益的设施称为单项工程，如房地产项目的一座写字楼也是一个可以独立发挥效益（或功能）的设施。

（一）单位工程竣工验收

在施工单位自检达到施工质量验收标准的条件下，由建设单位工程管理部门组织的消防、电梯、防雷、环保、节能等专项工程竣工验收，应以单位工程或某专业工程内容为对象，独立签订建设工程施工合同的，达到竣工条件后，承包人可单独进行交工。发包人根据竣工验收的依据和标准，按施工合同约定的工程内容组织竣工验收，比较灵活地适应了工程承包的普遍性。按照现行建设工程项目划分标准，单位工程是单项工程的组成部分，有独立的施工图纸，承包人施工完毕，征得发包人同意，或原施工合同已有约定的，可进行分阶段验收。

（二）单项工程验收

单项工程验收条件：全部单位工程均已施工完毕，达到项目竣工验收标准，验收后能够交付使用；与项目配套的室外管线工程已全部施工完毕，达到施工质量验收标准。房地产开发项目单项工程验收主要包括：结构工程外观及强度（混凝土、砂浆等）；钢筋的规格、等级、间距、数量、保护层厚度；屋面淋水（蓄水）试验；有防水要求的地面蓄水试验；外墙、地下室防水效果；室内净高及轴线；楼梯、阳台、窗台等临空处安全防护设置；烟道（抽气道）；门、窗质量；室内墙面、顶棚施工质量；地面质量；安全玻璃的使用；给水管道通水试验；暖气管道、散热器压力试验；卫生器具满水试验；排水干管通球试验；电气照明全负荷试验；线路、插座、开关接地检验；相、零、PE 线接线情况及接头处理；智能系统检测及试运行；通风与空调系统测试及试运行；保温节能；电梯工程检测及试运行；室内环境质量；国家和省有关规定和标准要求检查的其他内容。

五、房地产开发项目竣工综合验收的程序

（一）竣工准备阶段

项目工程量完成后，项目管理者应建立竣工收尾小组，编制项目竣工收尾计划并限期完成。项目经理和技术负责人应对竣工收尾计划执行情况进行检查，重要部位要做好检查记录。

实行分包的项目，分包人应按质量验收标准的规定检验工程质量，并将验收结论及资料交承包人汇总。

竣工准备阶段主要工作有以下几项。

单位工程完工后，施工单位对工程进行质量检查，确认符合设计文件及合同要求后，填写工程竣工验收申请表，并经项目经理和施工单位负责人签字。

监理单位收到工程竣工验收申请表后，应全面审查施工单位的验收资料，整理监理资料，对工程进行质量评估，提交工程质量评估报告，该报告应经总监及监理单位负责人审核、签字。

勘察、设计单位对勘察、设计文件及施工过程中由设计单位签署的设计变更通知书进行检查，并提出书面质量检查报告，该报告应经项目负责人及单位负责人审核、签字。

监理单位邀请建设、勘察、设计、施工等单位对工程质量进行初步检查验收。各方对存在的问题提出整改意见，施工单位整改完成后填写整改报告，监理单位填写整改情况。初验合格后，由施工单位向建设单位提交工程验收报告。

建设单位对竣工验收条件、初验情况及竣工验收资料核查合格后，填写竣工项目审查表，该表格应经建设单位负责人审核、签字。建设单位向质监站收文窗口提交竣工验收资料，送达竣工验收联系函。质监站收文窗口核对竣工资料完整性后，确定竣工验收时间，发出竣工验收联系函复函。

（二）房地产项目开发企业提出项目综合验收申请
房地产项目开发企业提出项目综合验收申请需要规划部门及其他专业管理部门批准的选址意见书、建设用地规划许可证、建设工程规划许可证、修建性详细规划及各个单位工程设计文件（图纸）等。

房地产项目开发企业需提交以下资料。

①工程承发包合同。
②工程质量监督机构核定的各单项工程质量等级评定文件。
③竣工资料（图纸）和技术档案资料。
④建设行政主管部门规定的其他文件资料。

（三）成立综合验收小组
政府建设行政主管部门在接到住宅小区竣工综合验收申请报告和有关资料一个月内，由城建（市政工程、公用事业、园林绿化、环境卫生）、规划、房地产、工程质量监督等有关部门及住宅小区经营管理单位参加的综合验收小组组成。

（四）综合验收小组验收工作并提出验收意见

综合验收小组审阅有关验收资料，听取开发建设部门汇报情况，进行现场检查，对住宅小区建设、管理的情况进行全面鉴定和评价。综合验收监督人员到工地现场对工程竣工验收的组织形式、验收程序、执行验收标准等情况进行现场监督，如发现有违反规定程序、执行标准或评定结果不准确的，应要求有关单位改正或停止验收。对未达到国家验收标准合格要求的质量问题，签发监督文书。

施工单位按照验收各方提出的整改意见及责令整改通知书进行整改，整改完毕后，建设、监理、设计、施工单位对工程竣工验收整改意见处理报告签字盖章确认后，将该报告与工程竣工验收报告送交质监站技术室。对公共建筑、商品住宅及存在重要的整改内容的项目，监督人员参加复查。提出验收意见并向城市人民政府建设行政主管部门提交住宅小区竣工综合验收报告。对不合格工程，按《建筑工程施工质量验收统一标准》和其他验收规范的要求整改完后，重新验收。验收合格后三日内，监督机构将监督报告送交市建设局。建设单位按有关规定报市建设局备案。

（五）综合验收报告审查及合格后备案

政府建设行政主管部门综合验收报告审查合格后，开发建设单位方可将房屋和有关设施办理交付使用手续，并按照有关规定将完整的小区综合验收资料报送备案。

房地产开发项目竣工综合验收备案申报材料主要有以下几种：房地产开发项目竣工综合验收备案申请表；开发企业营业执照；开发企业资质证书，以房地产开发项目竣工验收备案证明作为开发经营业绩的认定依据；国有土地使用权证书；房地产项目开发经营权证明（签订土地出让合同后就进行办理，无此证不能卖房及转让）；建设工程规划许可证；建设工程施工许可证；商品房预售许可证或现售备案证明；开发项目建筑工程规划核实证，取得建设工程规划许可证的建设工程应进行规划核实，建设单位委托具有相应测绘资质的测绘单位进行建设工程竣工规划测量，形成竣工规划测量成果（其中，临时建设工程、简易建设工程和城镇居民私房、农村住宅以及已办理房产证的建设工程无须规划核实）；开发项目排水许可证明；开发项目供水设施、供热工程、燃气工程等市政公用基础设施的验收合格证明；开发项目设施验收合格证明；公共服务设施及道路、绿化等基础设施竣工核实证明。

六、竣工后的服务

竣工后的服务即承包人在施工项目竣工验收后对使用状况和质量问题向用户访问了解，并按照有关规定及工程质量保修书的约定，在保修期内对发生的质量问题进行修理，并承担相应经济责任的过程。

回访保修有利于项目经理重视项目管理，减少修理任务；有利于承包人听取用户意见，履行回访保修承诺，改进工程质量；有利于改进服务，增强用户对承包人的信任感。承包人编写用户服务卡、使用说明书、维修服务事项等资料赠给用户，既方便了用户使用和维护，又树立了为用户服务的良好企业形象。

（一）回访
1. 回访计划
回访计划内容：主管回访保修业务的部门；回访保修的执行单位；回访的对象（发包人或使用人）及其工程名称；回访时间安排和主要内容；回访工程的保修期限。

2. 回访方式
（1）例行回访
电话询问、会议座谈、半年或一年的回访。

（2）季节性回访
夏季重点回访屋面及防水工程和空调工程、墙面防水，冬季重点回访采暖工程。

（3）技术性回访
对施工过程中采用的新材料、新技术、新工艺、新设备工程，回访使用效果或技术状态。

（4）特殊工程专访
回访执行单位在每次回访结束后应填写回访记录；在全部回访后，应编写回访服务报告，主管部门应依据回访记录对回访服务的实施效果进行验证。

（二）保修
1. 工程质量保修书
工程质量保修书就是发包人、承包人根据《中华人民共和国建筑法》《建设工程质量管理条例》和《房屋建筑工程质量保修办法》，经协商一致，对某竣工工程签订的保修书。

工程质量保修书具体约定保修范围及内容、保修期、保修责任、保修费用等。

2. 保修经济责任
保修经济责任应按下列方式处理。

由于承包人未按照国家标准、规范和设计要求施工造成的质量缺陷，应由承包人负责修理并承担经济责任。

由于设计人造成的质量缺陷，应由设计人承担经济责任。当由承包人修理时，费用数额应按合同约定，不足部分应由发包人补偿。

由于发包人供应的材料、构配件或设备不合格造成的质量缺陷，应由发包人自行承担经济责任。

由于发包人指定的分包人造成的质量缺陷，应由发包人自行承担经济责任。

由于使用人未经许可自行改建造成的质量缺陷，应由使用人自行承担经济责任。

由于地震、洪水、台风等不可抗力原因造成损坏或非施工原因造成的事故，承包人不承担经济责任。

当使用人需要责任以外的修理维护服务时，承包人应提供相应的服务，并在双方协议中明确服务的内容和质量要求，费用由使用人支付。

第二节 房地产项目前期物业管理

物业管理在西方国家已经有100多年的历史，我国物业管理是在中华人民共和国成立之后，随着住房制度改革和社会主义市场经济发展，从中国香港引入内地的。广义的物业管理涉及整个物业寿命期的管理与服务，包括立项阶段、设计阶段、施工建设阶段、租售阶段、使用阶段等；狭义的物业管理是专业组织受物业所有人的委托，依据物业管理委托合同，对物业的房屋建筑及其设备，市政公用设施、绿化、卫生、交通、治安和环境容貌等管理项目进行维护、修缮和整治，并向物业所有人和使用人提供综合性的有偿服务。前期物业管理是指在业主、业主大会选聘物业管理企业之前，由建设单位选聘物业管理企业实施的物业管理。

一、物业管理前期介入的必要性

（一）适应现代房地产开发的发展要求

我国的房地产开发经过多年的发展，从以抓建设为主的生产导向阶段，到以抓促销为主的销售导向阶段，已经发展到现代房地产开发的营销导向阶段。开发商们开始根据市场需要和用户呼声确定开发战略，对物业管理公司的要求也相应发生了变化，不再停留在物业管理公司搞好后期管理服务上，还希望借助物管公司熟悉掌握住户需求变化和物业使用管理的专业优势前期介入开发阶段，共同参与物业的规划、设计、施工、验收等工作，保证物业建设的设计合理和质量良好，使得物业能够最贴近住户需求，成为市场上受消费者欢迎的物业。物业管理前期介入，也能让消费者真切感受到房地产开发商对物业管理的重视。目前，消费者的物业管理意识已经有了很大的提高，据专家评估，物业管理因素可以占到楼宇价格的 20% ~ 30%。如果能让著名品牌的物业管理公司前期介入，将会极大地促进物业的销售。可见，物业管理前期介入对开发商所开发物业的完善和促销起着很大的作用。

（二）扩充物业管理的外延和内涵

传统的物业管理定义是指物业管理企业受物业所有人的委托，依据物业管理委托合同，对物业的房屋建筑及其设备、市政公用设施、绿化、卫生、交通、治安和环境等管理项目进行维护、修缮和整治，并向物业所有人和使用人提供综合性的有偿服务。物业管理大都停留在仅仅作为房地产开发的延伸，物业管理的立足点是充分发挥物业的最大使用功能，使其保值增值。但一定程度上忽略了物业管理在房地产开发全过程中的积极作用，物业管理可以从物业的使用管理角度，为物业的完善和保证使用功能的发挥提供科学的建议和有效的方法。即通过前期介入，扩充物业管理的内涵和外延，真正体现了物业管理应成为房地产开发完善和延伸的本质要求，也使物业管理以人为本、业主第一的理念得到了进一步贯彻，最终使业主受益。

（三）提升物业管理的专业形象，有利于物管工作的开展

物业管理通过前期介入，在与开发商、监理方、施工方等方面的共同协作中，可以充分展示自身的专业素质。物业管理企业可以从物业使用管理的角度、业主的角度、降低管理费用的角度在规划、设计、监理施工方面提出合理化建议，从而完善物业的设计建设，减少以后物业管理中的问题和矛盾。

同时，通过在前期介入中同施工单位形成的良好的合作关系，可以在今后物业的保修期内，加强双方的紧密合作，提高物业的维修及时率。由于通过前期介入，物业管理公司已经在业主入住前，处理好了如熟悉物业、设备设施使用、资料收集等接管验收的各类重要工作，业主入住时，就可以全心全意地投入接待工作，树立良好的企业形象。如果接管与入住同步进行，物管公司即使很努力，往往也会被各项繁杂事务搞得焦头烂额，容易忙中出错，其后还会出现一段时间的磨合期，影响了物业管理公司的服务质量和专业形象。

（四）为物业管理后期管理打下良好基础

物业管理企业通过前期介入对物业的土建结构、管线走向、设施建设、设备安装等情况了如指掌，便于在后期管理中做好物业及其附属设施的维修养护工作。一方面，由于已对所管物业有了全面了解，就为竣工验收、接管验收打下了基础，可以提高验收质量，缩短验收时间，对验收中发现的仍需改进之处，也比较清楚，容易交涉和协调。而没有前期介入，接管验收中一旦出现图纸资料不全的问题和硬件方面的严重缺陷，往往难以及时解决，对业主的入住、后期管理和创优达标工作带来严重的影响。另一方面，在前期介入中，经过一段时间的磨合，便于理顺同环卫、水电、煤气、通信建立顺畅的服务渠道，有利于后期管理工作的进行。以提出许多设计和施工方面存在的问题和解决方法，返修工作量，有利于业主，也有利于施工单位。

二、物业前期介入的工作内容

（一）参与物业规划设计

从项目设计开始提前介入，参与物业建设项目的优化设计，对物业实施超前管理，为完善物业建设提出建设性意见，避免物业建成后的使用和管理问题。

规划设计是各功能区能否完整、舒适、方便、安全的先天制约条件。由于种种原因，设计往往滞后于科学技术的发展和人们生活水平的提高。同时，设计人员往往从设计角度考虑较多，对物业管理方面考虑较少。因此，在规划设计阶段，物业管理公司从后期管理的角度，就物业的规划设计以及建设中的工程选料和安装方法等提出合理化意见，通过事前参与可避免一些后期工作中难以解决的问题，确保物业交付时没有遗漏工程。其包括从业主的角度参与审查建筑物设计图纸，提出工程项目的改善及改良的建议。从管理的角度分析物业建造的选料及安装方法等，避免遗漏工程；改善设备使用效果，减轻后期管理的压力；审查有关工程及设备的优劣，提供改良意见；分析设计图纸，提出有关楼宇结构布局和功能方面的改善建议。

（二）施工中的质量监理

在工程施工这个关键时期，开发商的主要精力更多放在工程进度、资金筹措和促销推广上，但是由于人力、技术、精力等方面的原因，忽视了对工程质量的全面监控，造成物业质量不尽如人意，严重影响了业主的生活质量。物业管理企业提前介入后，避免了物业建成后给使用和管理维护服务带来的缺憾。从物业管理的角度对工程施工、设备安装的质量进行全面监控，能及早发现问题，及早解决问题，避免物业建成后给使用和管理服务带来的缺憾。

（三）设备安装及内装修阶段

设备安装及内装修阶段主要包括检查前期工程的施工质量，并就原设计中不合理但又可以更改的部分提出建议；配合设备安装、管线布置，进行现场监督，确保安装质量；提出遗漏工程项目的建议。

（四）物业验收、接管、用户入住阶段

1. 资料交接

在办理物业承接验收手续时，房地产开发企业应当向物业服务企业移交下列资料。

①竣工总平面图，单体建筑、结构、设备竣工图，配套设施、地下管网工程竣工图等
　竣工验收资料。
②设施设备的安装、使用和维护保养等技术资料。
③物业质量保修文件和物业使用说明文件。
④物业管理所必需的其他资料。

2. 物业接管验收

物业接管验收简称承接查验，是指物业服务企业承接物业时，对物业管理建筑区域内物业共用部位、共用设施设备、物业管理基础资料、园林绿化工程、物业产权资料、物业管理用房和其他公共配套设施设备等进行的承接查验，以保证物业管理服务正常实施和物业共用部位、共用设施设备正常使用为目的的查验。资料的承接查验包括物业相关资料、综合竣工查验资料、查验设施设备资料、物业共用部位、共用设施设备等。

3. 物业服务

物业服务按服务的性质和提供的方式可分为常规性的公共服务、针对性的专项服务和委托性的特约服务三大类。

（1）常规性的公共服务

常规性的公共服务主要有以下几种：a. 房屋建筑主体的管理及住宅装修的日常监督；b. 房屋设备、设施的管理；c. 环境卫生的管理；d. 绿化管理；e. 配合公安和消防部门做好住宅区内公共秩序维护和安全防范工作；f. 车辆道路管理；g. 公众代办性质的服务。

（2）针对性的专项服务

针对性的专项服务主要有以下几种：a. 日常生活类；b. 商业服务类；c. 文化、教育、卫生、体育类；d. 金融服务类；e. 经纪代理中介服务；f. 社会福利类。

（3）委托性的特约服务

第一大类物业管理是最基本的工作，是必须做好的。同时，根据自身的能力和租用人的要求，确定第二、第三大类中的具体服务项目与内容，采取灵活多样的经营机制和服务方式，以人为核心做好物业管理的各项管理与服务工作，并不断拓展其广度和深度。

4. 用户入伙服务

用户入伙服务包括预约业主入伙、业主办理入伙手续（迎候、交费、验明业主身份）、验收与交接钥匙、办理托管钥匙手续（如业主之单元须进行翻修工程，则入伙经办人须建议业主将钥匙托管）等环节。

三、前期物业的选择

住宅及同一物业管理区域内非住宅的建设单位，应当通过招投标的方式选聘具有相应资质的物业管理企业；国家提倡其他物业的建设单位通过招投标的方式，选聘具有相应资质的物业管理企业。

通过招标投标方式选择物业管理企业的，建设单位应当按照以下规定时限完成物业管理招标投标工作：a. 新建现售商品房项目应当在现售备案前 30 日完成；b. 预售商品房项目应当在取得当地商品房预售许可证之前完成；c. 非出售的新建物业项目应当在交付使用前 90 日完成。

房地产项目后评价的基本内容：项目目标评价、项目实施过程评价、项目经济效益评价、项目影响评价和项目持续性评价。

1. 房地产项目目标评价
（1）房地产项目目标评价的内容
分析房地产项目实施中或实施后是否达到在项目前评估中预定的目标，达到预定目标的程度，与预定目标产生偏离的主观和客观原因。

在房地产项目实施或运行中，有哪些变化，应采取哪些措施和对策，以保证达到或接近达到预定的目标和目的。

必要时对房地产项目的目标和目的进行分析和评价，确定其合理性、明确性和可操作性，提出调整或修改目标和目的的意见和建议。

（2）房地产项目目标评价的分析方法
房地产项目目标评价常用的分析方法包括目标树法、层次分析法和逻辑框架法等。

（3）房地产项目目标适应性分析
项目目标适应性是指项目原定目标是否正确，是否符合全局和宏观利益，是否得到政府政策的支持，是否符合项目的性质，是否符合项目当地的条件等。

2. 房地产项目实施过程评价

项目实施过程直接关系到项目的品质、项目的销售及企业的品牌形象等。对项目实施过程进行评价，可以有效总结项目实施经验，找出不足并为后续项目提供借鉴。

项目实施过程评价是指在项目开工以后到项目竣工验收之前任何一个时点所进行的评价。项目实施过程评价一般要对项目的立项、准备和评估，项目内容和建设规模，工程进度和实施情况，配套措施和服务条件，受益者范围及其反应，项目的管理和机制，财务执行情况等方面进行分析、评价。

3. 房地产项目经济效益评价

获得项目的最大经济效益是项目实施的一个重要目标，良好的经济效益将对企业产生巨大的品牌效应并对公司员工产生巨大的激励作用。

（1）房地产项目经济效益评价的依据
①国家、省、市有关法律、行政法规及规章制度。
②开发企业的相关管理办法。
③项目立项（备案）、可行性研究报告（项目申请报告）、初步设计和概算等申报材料；项目设计、招投标、施工合同及施工管理等文件。
④项目决算报告和审计报告。
⑤项目实施单位的《×× 单位关于 ×× 项目经济效益评价的自评报告》。
⑥其他能反映项目实施情况和效益的相关资料。

2. 房地产项目经济效益评价的指标
①财务内部收益率。
②净现值。
③产值利润率。
④投资利润率。

项目经济效益评价的主要分析指标是能够判断项目盈利能力的指标。但具体分析中，还要注意前期评价的预测值与现时实际发生实际值、现金流量的计入时点和标准，以及物价通货膨胀的因素，以实现前后的一致性和可比性。

4. 房地产项目影响评价

项目影响评价主要为竞争力和品牌价值评价。竞争力分析评价主要是成本分析（单方造价降低率、销售费费率、管理费费率等）和销售态势分析，目的是把项目营运放在项目当地市场中进行考核和评价。品牌价值评价主要是指对项目运营中打造的团队的协作精神及提升企业品牌的美誉度进行客观评价。房地产进入某些城市，项目可能盈利很少，但从整体战略来看，项目的运营可能锻炼和造就了一批人才，打造了一个优秀的团队和占领了一个市场，提升了品牌的知名度、美誉度和影响力。

5. 房地产项目持续性评价

项目的持续性是指在项目的资金投入全部完成之后，项目的既定目标是否还能继续，项目是否可以持续地发展下去，项目业主是否可能依靠自己的力量独立继续实现既定目标，项目是否具有可重复性，即是否可在将来以同样的方式建设同类项目。如万达集团的万达广场项目，一般都包括购物中心、娱乐中心和城市公寓，可持续性优良。其可在各地投资兴建，并且往往都成为当地的地标性建筑。

三、房地产项目后评价的方法

（一）统计预测法

统计预测法是以统计学原理和预测学原理为基础，对项目已经发生的事实进行总结，并对项目未来发展前景做出预测的项目后评价方法。

（二）对比分析法

对比分析法是把客观事物加以比较，以达到认识事物的本质和规律并做出正确的评价。

对比分析法通常是把两个相互联系的指标数据进行比较，从数量上展示和说明研究对象规模的大小、水平的高低、速度的快慢，以及各种关系是否协调。

（三）逻辑框架法

逻辑框架法是由美国国际开发署开发并使用的一种设计、计划和评价的方法。逻辑框架法从确定待解决的核心问题入手，向上逐级展开，得到其影响及后果，向下逐层推演找出其引起的原因，得到所谓的"问题树"。将问题树进行转换，即将问题树描述的因果关系转换为相应的手段-目标关系，得到所谓的目标树；目标树得到之后，进一步的工作要通过规划矩阵来完成。

逻辑框架法是将一个复杂项目的多个具有因果关系的动态因素组合起来，用一张简单的框图分析其内涵和关系，以确定项目范围和任务，分清项目目标和达到目标所需手段的逻辑关系，以评价项目活动及其成果的方法。

（四）定量和定性相结合的效益分析法
定性评价是指采用经验判断和观察的方法对项目效益进行评价；定量评价是指采用量化的方法对项目效益进行评价。定量和定性相结合的效益分析，既可以统筹项目模糊性效益指标，如项目的社会影响，又可兼顾数字型效益指标，如项目的直接经济收益。避免追逐短期效益，忽视长期利益；避免追求局部效益，忽略整体利益。

四、房地产项目后评价的过程

为保证项目后评价的正常进行，企业建立项目后评价评审领导小组，各职能小组的主要工作内容和职能职责如下。

（一）建立项目后评价组织
项目后评价组织包括评审领导小组、专家组、资料组、系统评价组、财务审计组等。决策重大事项，会审、审定文件报告，组织领导、指挥调度和督促检查项目后评价工作。

（二）制订评价计划
制订评价计划说明评价对象、评价内容、评价方法、评价时间、工作进度、质量要求、经费预算、专家名单、报告格式等。

（三）调查及收集资料
调查及收集资料是评价的基础。调查及收集资料主要包括项目建设各个阶段的资料；项目阶段性报告反馈意见；项目专项审计，形成专项审计报告及其他相关资料。

根据反馈意见调整项目后评价报告，并最终形成项目后评价报告。

五、房地产项目后评价的成果

项目后评价报告是评价成果的汇总，是反馈经验教训的重要文件。

（一）项目后评价报告的要求

后评价报告必须反映真实情况，报告的文字要准确、简练，尽可能不用过分生疏的专业词汇；报告内容的结论、建议要和问题分析相对应，并把评价结果与未来规划以及政策的制订、修改相联系。

（二）项目后评价报告的主要内容

项目后评价报告主要包括摘要、项目概况、评价内容、主要变化和问题、原因分析、经验教训、结论和建议、基础数据和评价方法说明等。

（三）后评价报告的格式

①报告封面（编号、密级、评价者名称、日期等）。

②封面内页（汇率、权重指标及其他说明）。

③项目基础数据。

④报告摘要。

⑤报告正文。

⑥主要附件和附表。

第七章
房地产税收

第一节 税收的基本概念

一、税收的属性和功能

税收是一个分配范畴，是国家参与并调节国民收入分配的一种手段，是国家财政收入的主要形式。税收的产生同国家的产生、存在密切相关，它是国家存在和政府运转的经济基础，是政府机器赖以存在并实现其功能、保证社会公共需要的物质基础。可以说，税收是国家为实现社会经济目标、通过法律规定的标准，强制性、无偿性地对经济单位和个人征收的实物或货币，它是对社会剩余产品分配和再分配的一种形式。与一般的国民收入分配形式相比，税收具有其自身独特的属性。

（一）税收的属性
1. 强制性
税收的强制性是指国家征税是凭借国家的政治权力通过颁布法令的方式实施的，任何单位或个人都不得违抗。在生产过程中，生产资料所有人凭借其所有权可以取得收益；在征税过程中形成生产资料所有人或其他行为人同国家的征纳关系，国家是税收征收的主体，而所有人或行为人则处于被动、服从的地位。国家运用税收参与这种分配，意味着政治权力凌驾于所有权之上，这也是税收能得以征收的原因。

2. 无偿性
税收的无偿性是指国家征税后，税款为国家所有。国家既不需要偿还，也不需要向纳税人付出任何代价。税收的无偿性说明了国家同具体纳税人之间的无偿性关系。纳税人纳税后没有任何报酬，这部分税款将无偿地用于公共事业。所以从这个角度看，税收征收的无偿性同税款（财政支出）的无偿性是并存的，即"取之于民，用之于民"。纳税人在缴纳了一定的税款后，可以享受政府提供的某些无偿服务。

3. 固定性
税收的固定性是指征税前以法律的形式规定了征税对象、税率，并严格按照这一标准征税。按照这一标准，纳税人纳税，政府征税。没有通过法律程序、法律手段，这一标准政府不得随意改动；随意改变征税标准是违法的，纳税人可以拒绝，通过法律手段保护纳税人的合法权益，防止政府"搭便车"收费现象。

（二）税收的功能
在市场经济条件下，税收的功能主要表现在以下三个方面。

1. 税收是取得财政收入的主要形式，税收具有组织财政收入的作用

从税收的历史看，税收的目的就是取得财政收入，以满足国家经费开支的需要。税收从产生开始，就一直担当着为国家政权的运行组织财政收入的角色。税收的这一功能，成为各个时期每一届政府组织财政收入的基本手段。虽然，随着国家财政的发展，公债、规费等财政形式得到不断发展，但是，税收在组织财政收入中发挥的作用，是它们所不可取代的。

2. 税收是调节国民收入分配的重要工具，是国民收入再次分配的主要形式

税收本身是一个分配范畴，税收分配是国民收入分配体系的一个有机组成部分。税收在承担财政收入功能的同时，由于它来源于国民收入，是对国民收入初次分配结果的再分配，对国民收入分配具有调节作用。国家通过调整税收政策调节国民收入分配。在市场经济条件下，税收在调节国民收入分配中所扮演的角色愈来愈重要。

3. 税收是政府干预、调节经济的重要杠杆

税收直接作用于价格、利润、地租、工资、利息等国民收入初次分配的经济杠杆上，税收的变化直接影响这些经济变量的变化，从而影响经济的整体运行过程。在现代市场经济中，税收被视为一国经济的"内在稳定器"，这是因为税收特别是所得税的征收，对国民经济的波动具有自动调节作用。当经济衰退时，国民收入下降，税收会自动随之下降，从而有利于促进生产和社会总需求的增长。相反，在经济繁荣时，国民收入增加，税收随之增加，从而有利于抑制生产和社会总需求的膨胀。税收所具有的对国民经济的调节作用，使之成为市场经济下国家干预、调节经济的重要经济杠杆。

二、税收原则

税收原则又称税收政策原则或税制原则。它是制定税收政策、设计税收制度的指导思想，也是评价税收政策好坏、鉴别税制优劣的准绳。

从现代经济学理论来看，税收原则可以归纳为三个主要方面：一是效率原则，税收能促进资源的有效配置，并力求提高税收行政的管理效率；二是公平原则，税收应由社会成员合理分担，并有助于缩小贫富差距；三是稳定原则，税收应能促进经济的稳定以及生产力的不断发展。

（一）税收的效率原则

税收的效率原则，一方面，从资源配置的角度讲，税收要有利于资源的有效配置，使社会从可用资源的利用中获得最大利益；另一方面，从税务行政的角度说，税务行政

要讲求效率，税收制度必须简便，征纳双方的征纳成本要节省。也就是说，税收的效率原则就是要求国家征税有利于资源的有效配置和提高税务行政的管理效率。它可以分为税收的经济效率原则和税收的行政效率原则两方面。

1. 税收的经济效率原则

税收的经济效率原则就是通过税收实现效率目标，包括提高资源配置效率和减少效率损失两方面。现代经济学认为，在市场经济体制下，以价格为核心的市场配置是最有效、最基本的资源配置方法，在社会资源配置中处于基础地位；而政府配置是针对市场配置的局限和缺陷，通过对资源的重新配置来提高资源配置效率，处于再分配地位。因此税收的经济效率原则应该是：当以价格为核心的资源配置作为最基本的资源配置方式已经使资源处于最优配置状态时，政府税收对资源的重新配置都将干扰经济效率的有效发挥，使经济变得低效或无效，在这种情况下税收应避免和减少对经济的干预，以避免或减少效率损失；反之，如果市场配置并没有使资源处于最优配置状态，那么，有可能通过税收对经济资源重新配置，提高资源配置效率。在这种情况下税收有必要积极干预经济，从而提高经济效益。

2. 税收行政效率原则

税收行政效率是从税务行政管理角度分析税收的成本效益，主要是分析税收的征收成本管理。而检验税收行政效率的标准，在于考察税收成本在税收收入中的比重，也就是看是否以最小的税收成本取得最大的税收收入。税收成本包括征税成本和纳税成本。征税成本主要是税务行政机关为征税而花费的行政管理费用，而纳税成本是纳税人因纳税而发生的支出。影响征税成本的因素主要是机构设置、人员素质和技术手段等，提高税收行政效率就在于采取有效措施控制影响税收成本的主要因素，严密税法，减少税收漏洞，合理设置机构，提高人员素质，改进征管手段，加强征收管理，提高工作效率，从而达到降低税收成本、提高税收收益的目的。

（二）税收的公平原则

税收是在市场对个人收入分配已经决定的前提下，对个人收入进行的再分配。在市场经济条件下，个人收入的初次分配是按要素报酬进行的。个人的劳动能力、拥有资本规模的大小直接决定了个人的收入水平和收入结构。因此，由市场决定的个人收入分配从公平分配的意义上来看存在很大的局限性，这种市场分配的缺陷不可能由市场本身来解决，需要由政府主要运用税收手段来予以纠正。从弥补市场分配的缺陷考虑，税收对收入的再分配应依据公平准则和公平目标，为市场经济主体创造平等的竞争环境，按受益征税，依据能力负担。简单地说，可以概括为竞争原则、受益原则和能力原则。

1. 竞争原则

税收的竞争原则是着眼于收入分配的前提条件,通过税收为市场经济的行为主体——企业和个人创造竞争环境,鼓励平等竞争。也就是说,在市场已经为行为主体提供了平等竞争的环境下,税收应不干预经济活动。在因市场的缺陷而无法为行为主体提供公平竞争环境的前提下,税收应为行为主体的平等竞争创造条件。如由于企业资源条件差异、行业垄断、个人的遗产继承等原因而导致不平等竞争,形成收入和财富的差异,税收就应对不平等竞争和收入财富差异的条件进行调节,促进平等竞争。

2. 受益原则

税收的受益原则是根据市场经济规则确立的等价交换原则,把个人向政府支付税收看作是分享政府提供公共产品的前提,征税和受益应是对等的。对于因政府提供公共产品而受益多的人,应承担较多的纳税义务;反之,则应承担较少的纳税义务。受益原则作为政府征税的依据,在解释税收存在的原因时有它的理论意义。但是,由于公共产品受益的非排他性特点,公共产品受益边界无法确定,即无法确定谁受益、受益多少,因此受益原则作为一般原则无法在实践中推行。但是在特定情况下,以税代费,按受益标准征税也是可行的。这主要是对于部分由政府提供的准公共产品而言的,这些公共产品受益边界较为清楚,消费的竞争性又较强,依据收费效率原则而征税,谁受益,谁纳税,并按受益大小来确定纳税额,因此可以提高分配效率。

3. 能力原则

税收的能力原则是以个人纳税能力为依据来行使征税,即以个人收入或财富作为衡量能力的标准,按个人纳税能力的大小征收税款,负担能力比较强的人承担较多的纳税义务,负担能力比较弱的人承担较少的纳税义务,通过税收调整个人收入和财富分配的结果,实现均等收入的公平目标。能力原则包括普遍征税和能力负担两个方面。依据普遍征税原则,市场经济中的行为主体凡是具有纳税能力的都必须普遍征税,消除税收上的一切特权,它体现了税收法律面前人人平等的这样一种平等思想。依据能力负担原则,凡是具有同等负担能力的纳税人应同等纳税,以体现税收的横向公平;凡是具有不同等负担能力的纳税人应区别对待,以体现税收的纵向公平。

(三)税收的稳定原则

税收的稳定原则是就税收的宏观调控目标而言的,即税收对经济发展的宏观调控应起到平衡作用,实现稳定经济、促使经济平稳发展的目的。在市场经济条件下,市场不能有效地自动调节经济平衡,经常由于总需求小于总供给而导致需求不足的失业,或总需求大于总供给而导致需求拉动型的通货膨胀,以及由于经济的过快增长或停滞增长,经济不能保持稳定发展。市场经济缺陷导致的经济失衡不可能由市场本身解决,需要由政府运用财政政策、货币政策、就业政策等政策手段来调节总需求和总供给，使经济稳定发展。政府的宏观经济政策能够促进经济稳定，是由于政府收支、货币供给影响总供求。其中，税收是总供给的一个组成部分，同时，税收又直接或间接影响总需求中的消费、投资等因素。因此，在宏观经济方面，税收应同政府支出政策、货币政策等其他政策手段协调配合，依据稳定原则调节经济，实现价格稳定、充分就业、经济增长的宏观政策目标。税收对经济的稳定可分为税收自动稳定机制和税收政策抉择两种稳定方式。

1. 税收自动稳定机制

税收自动稳定机制是税收制度本身所具有的稳定经济的方式，是税收制度对经济的一种自动反应能力。根据税收的自动稳定机制，在经济增长、国民生产总值上升时，个人收入和企业利润水平上升，税收相应增加；反之，在经济衰退、国民生产总值下降时，个人收入和企业利润水平下降，税收相应减少。税收自动稳定机制的主要优点是它的自动反应能力，避免了在政策抉择时所遇到的时滞因素对政策的不利影响，作用目标明确，作用效果比较快。但是，自动稳定机制仅仅缓解了经济周期变化的幅度，而无法消除经济周期波动。

2. 税收政策抉择

税收政策抉择也称相机抉择，是政府根据经济形势的变化所做出的税收政策变动及其选择。相机抉择的税收稳定政策的任务，就在于消除税收自动稳定机制所无法消除的经济波动。它包括两个方面，即扩张性的税收政策和紧缩性的税收政策。在经济萎缩时期，政府一般要实行扩张性的税收政策。这就是减少政府税收，增加个人和企业可支配收入，从而造成私人消费支出和企业投资增加，社会总需求扩大，使国民生产总值上升到充分就业水平。在经济过热和通货膨胀时期，政府一般要执行紧缩性的税收政策。这就是增加政府税收，减少个人和企业可支配收入，从而造成私人消费支出和企业投资下降，社会总需求缩小，降低国民生产总值水平。

三、税收的基本要素

（一）纳税人和负税人

纳税人又称为纳税主体，它是指税法规定的负有纳税义务的单位和个人。纳税人可以是自然人，也可以是法人。与纳税人相联系的一个概念是负税人。负税人是指最终负担税款的单位和个人，它与纳税人有时是一致的，有时是分离的，如在税负可以转嫁的条件下二者就是分离的。房地产税收的纳税人一般是房地产的开发者、拥有者、交易者等。我国实行社会主义的土地公有制，因此，与许多国家不同，我国的土地所有者不再是纳税主体，纳税主体主要是各类土地使用权的拥有者。

（二）课税对象和税源税目

课税对象又称税收客体，它是指税法规定的征税的目的物，是征税的根据。每一种税都必须明确对什么征税，它是一种税区别于另一种税的主要标志。在现代市场经济国家中，课税对象主要包括所得、商品和财产三大类。按课税对象可将税收分成所得税、商品税和财产税。与课税对象相关的是税源。税源是指税收的经济来源或最终出处，各种税有不同的经济来源。一些税种的课税对象与税源是一致的，如所得税；另一些税种的课税对象与税源是不同的，如财产税的课税对象是纳税人的财产，而税源则是纳税人的收入。税目是课税对象的具体项目或课税对象的具体划分，税目规定了一个税种的征税范围，反映了征税的广度，一个课税对象可能有一个或多个税目。房地产税的课税对象主要是房地产本身，如各类房地产保有税；或者是房地产收益所得，如房地产转让收益税、土地增值税；税目则依据房地产价值、地段或者所有人的情况不同而有所变化。

（三）课税标准

课税标准是指征税时的实际依据或课税依据。国家征税必须以统一的标准对课税对象进行计算，确定课税标准是实际征税的重要步骤。房地产税收的标准，有的是按照房地产物理量的大小计算，这种税收称为从量征收的房地产税。比如，对土地课征的税收，早期就是按照土地的面积征收的，不管土地质量的好坏，相同面积的土地缴纳相同的税款。这样征收的土地税，就是从量征收的房地产税。有的房地产税收是从价征收的，即以房地产价值的大小为课税标准。随着市场经济的发展，房地产价值日益得到量化，从价征收的房地产税逐渐增多。

（四）税率

税率是指征税的比率，它是税额同课税对象的比值。税率可划分为比例税率、定额税率和累进税率。

比例税率是对同一课税对象，不论其数额的大小，统一按照一个固定的比例征税。比例税率又可以分成行业比例税率、地区比例税率、产品比例税率等。

定额税率也称固定税额，它是按课税对象的一定计量单位直接规定一个固定的税额，而不规定征收比例。

累进税率是按课税对象数额的大小，划分为若干等级，每一等级由低到高规定相应的税率，课税对象数额越大，税率越高。累进税率又可以按照计算方法划分成全额累进和超额累进税率。

四、税收的分类

税收的分类就是按照一定的标准和目的，对复杂多样的税种进行归类。对税种进行分类，有利于分析比较各个税种的特点和税制的发展演变过程，有利于研究税制结构和税负状况，有利于研究和评价各类税种的功能，充分发挥税种的经济杠杆作用，并利于加强税收征管。

依据不同的分类标准，可对税种做出多种分类。

（一）以课税对象的性质为标准，可分为流转税、所得税、财产税、资源税和行为税
流转税是对以商品流转额和非商品营业额为课税对象的一类税种的总称，如增值税、消费税、营业税、关税等。所得税是以收益所得额为课税对象的税收统称，包括对个人收益所得征收的个人所得税。财产税是指以各类动产和不动产为课税对象的税收，如一般财产税、遗产税、赠予税等。资源税是对纳税人开发和利用自然资源征收的税，可分为普遍征收的绝对收益资源税和调节级差收入的级差收益资源税。行为税指对某些特定行为征收的税收，它带有明显的政策目的性和较大的灵活性。

（二）以税收负担是否转嫁为标准，分为直接税和间接税
这是以税收是否由纳税人直接承担作为划分的标准。一般认为，直接税是由纳税人直接负担的税收，它是不能转嫁的，纳税人就是负税人，如所得税、财产税、遗产税等。间接税是指由纳税人垫缴税款，然后将税款转嫁给他人负担的税收，如以商品流转额或劳务收入为征税对象的消费税、营业税、增值税、关税等。间接税一般可以通过提高售价、压低进货价格等方法最终转嫁给他人负担，分别称为顺转（前转）和逆转（后转）。税负转嫁是相对的，它取决于多种客观条件，需要根据商品和劳务性质、供求弹性、物价变动、成本升降和课税的范围、方法、税率的形式等一系列复杂过程来确认。

（三）以计税依据为标准，可分为从量税和从价税
按计税依据采用价值量还是实物量为依据进行分类，税种可分为从量税和从价税两种形式。前者是指以征税对象的重量、容积、面积、件数等数量单位为计税依据的税种，后者是以征税对象的价格、价值或金额为计税依据的税种。从量税的税额随课税对象的数量变化而变化，计算简便，但税负水平是固定的，不尽合理，因而只有少数税种采取这种计税方法，如我国的资源税、车船使用税等。比较而言，从价税更能适应商品经济的要求，同时也更加体现税收原则，因而大部分税种都采取这一计税方法。

（四）以税收与价格的关系为标准，分为价内税和价外税

当一种税的税额构成纳税对象价格组成部分时，这种税就属于价内税；反之，当一种税的税额作为纳税对象价格的外加部分时，这种税就属于价外税。与之相适应，价内税的计税依据称为含税价格，价外税的计税依据称为不含税价格。一般认为，价内税比价外税更容易转嫁，价内税课征的侧重点为厂家或生产者，价外税课征的侧重点是消费者。

（五）以税收形态为标准，可分为货币税和实物税

这是以税收的实体是货币形态还是实物形态所做出的分类。实物税采用实物形态，货币税采用货币形态。从实物税向货币税的转变是商品经济发展的必然产物。实物税曾在漫长的奴隶社会和封建社会占据主导地位，货币税到封建社会中后期才开始占据主导地位，现在世界上大部分国家都采取货币形式征税。

（六）以税收管理权限为标准，分为中央税、地方税和中央与地方共享税

这是以税收收入归属于哪一级政府管理和使用而对各税种所做出的分类。凡是按照财政管理体制的规定，划归中央政府管理并支配其收入的税种属于中央税；凡是按规定归地方政府管理、由地方支配其收入的税种属于地方税；属于中央政府和地方政府共同享有管理权、按照一定比例分别支配收入的税种属于共享税。这种分类方法的特点在于明确中央与地方的税收管辖范围，对于体现各级政权的权限，加强税收管理和监督有积极作用。

五、税收的转嫁与归宿

税收是向纳税人征收的，但税负最终落到商品交换或服务过程的某一环节，要视生产价格在征税前后的变化而定。税负转嫁是指商品交换过程中，纳税人通过提高销售价格或压低购进价的方法，将税负转嫁给购买者或商品提供者的一种经济现象。税负转嫁是纳税人将税负转嫁给交易过程中的其他参与者，是税负在各经济主体之间的再分配。税负转嫁后，税负的最终落脚点也就是最终承担税负的经济主体为税收归宿，是真正的负税人。

税负转嫁主要有两种方式：顺转和逆转。顺转，也称前转，是指纳税人通过抬高销售价格将税负转嫁给购买者的方式。将商品税负转嫁给下一个环节的购买者，如果加价额等于税款，则税负完全转嫁；如果小于税款，则税负在纳税人和购买者间分担；如

果大于税款，则纳税人在转嫁税负的同时，还有额外的收益，可称为超额转嫁。逆转又称后转，是指纳税人通过压低进货的价格，将税负转嫁给商品出售人。在现实经济生活中，受多种经济条件的影响，更多的时候，同一笔税负，部分地顺转给商品消费者，部分地逆转给供给者。

税收能否转嫁和转嫁多少取决于课税商品或生产要素的供求弹性及其特性和这种商品或生产要素市场的特征。对于一般商品或生产要素，如果课税对象的供给弹性大于需求弹性，说明供给者对商品或生产要素价格的敏感程度要高于消费者，在税收转嫁中供给者会处于一个有利的地位，消费者较之供给者将不得不接受一个包含税收的价格水平，税收会较多地由消费者承担，即较多的部分发生顺转；相反，如果课税对象的需求弹性大于供给弹性，说明消费者对商品或生产要素价格的敏感程度要高于供给者，消费者可以拒绝接受一个包含税收的价格水平，因此，对于政府课税，消费者能够在排除税收负担中采取更加积极主动的态度，消费者比起供给者处于一个有利的地位，税收会较多地由供给者承担，即较多的部分发生逆转。对于生活必需品、不易替代产品、用途狭窄产品或耐用品，由于人们对这类商品的需求弹性较小，消费者将在税收的转嫁中处于不利地位。政府对生产者的征税会更多地向前转嫁，而落在购买者身上。对于垄断程度较高的商品或生产要素市场，处于垄断地位的一方由于对价格的强势影响，从而在税收转嫁中处于一个有利地位，他们能够更好地通过左右价格来转嫁税负。

在房地产税收中，对房地产保有时课征的税收，由于这时的房地产一般不与他人发生经济关系，因此，没有机会和条件转嫁其税负，房地产保有者要承担全部税额。一般而言，由于房地产是一种供给有限、相对稀缺的商品，对于其使用者或实际需要者来说又是一种不可替代的生产或生活的必需品，土地或房地产市场是一种供给者垄断性很强的市场，在土地或房地产买卖或租赁环节课征的税收，较多发生顺转即很容易转嫁给购买者或承租者。而在房地产供给相对大于需求的市场情况下，税负有可能向房地产生产要素的出售者转嫁。

第二节 房地产税的基本理论

房地产税收一直以来被不少国家列为主要的地方税源，而如何对其进行科学设置与评价，是房地产税收研究的主要内容。

一般而言，房地产税是一个宽泛的概念，是指对房地产开发、持有、使用、经营和转让等经济活动所征缴的税收，征税对象涉及房地产开发经营、交易买卖、持有等各个环节的行为和标的，具体分为取得税、持有税、交易税等大类。如在我国，对应的税种分别是取得时的耕地占用税与契税、持有时的房产税、转让时的营业税与个人所得税等。

基于两方面的考虑，本节专门介绍房地产持有税。第一，房地产持有税体现了房地产的本质属性，而其他环节税收没有此特点，如房地产取得税、交易税与非房地产领域的取得税、交易税没有本质差别。第二，房地产持有税的重要性，无论是否有新的房地产开发，无论是否发生新的房地产交易，房地产持有税始终可以为政府提供源源不断的税收。因此，本节讨论的房地产税特指房地产持有税，如我国现行的房产税，即理论上的房地产财产税，或者俗称的房地产税、不动产税等。

一、房地产税收的理论依据

（一）受益说
受益说认为，中央和地方政府为房地产所有者提供安全保护，房地产所有者应该为这种保护带来的受益支付报酬。这种保护包括国防保卫、国内治安、消防设施，也包括交通、市政、环境等设施。另外，地方政府提供了各种公共产品和设施使当地房地产的价值提升，给房地产所有者带来利益，业主理应通过税收分担政府在公共设施上的支出。

（二）财政收入说
财政收入说认为，为了满足财政支出的需要、筹集财政收入，政府应该对行政管辖范围内的房地产征税。财政收入说起源于土地私有的封建社会，房地产税收曾经成为封建社会的稳定而可靠的主要税收收入，用于维持封建社会庞大的皇室支出、军费开支、俸禄支出等款项。

（三）负税能力说
这是近代西方学者提出的观点。认为拥有房地产的数量和价值可以作为衡量其所有者承担税负能力的标准之一。在其他条件相同的情况下，个人拥有的房地产数量越多、价值越高，表示其承担税负的能力越高。而且，房地产本身可以带给其所有者安全感和满足感，从而减少其储蓄的意愿。从税收的基本原则来看，符合公平税收的量能赋税原则。

（四）社会政策说
这种理论认为，对个人拥有的房地产课税是国家对社会财富分配进行控制的一种手段，具有抑制房地产所有者不劳而获、均分社会财富、对资源进行再分配的作用。

二、房地产税收的特性

作为税收的一类，房地产税收具有一般税收的共同特性，即固定性、强制性和无偿性。此外，由于房地产的特性，房地产税收具有以下独特性。

（一）可见性与难以逃避性

房地产税收的可见性与难以逃避性，与房地产空间位置的不可移动性有关。房地产所有者很难将房地产从一个地区搬移到另一个地区，所有的房地产都可以仅凭肉眼识别。房地产的这一特性使纳税人很难通过隐瞒自己拥有的房地产来达到逃税的目的。这是房地产税收相对于其他可移动财产的显著特点。

从征缴的过程看，房地产税收的可见性也是指房地产所有者会定期收到征收房地产税的账单，而不像其他税收（如公司所得税），是纳税人永远看不见的"隐蔽税"。房地产税收的可见性使人们意识到公共服务的成本，提醒人们权衡公共服务的成本和收益。

（二）征收的复杂性

房地产的不可移动性使得每宗房地产都有其唯一独特的区位位置。固定的位置使房地产价值易受周围条件的外部影响，房地产价值随着环境和设施的改变而变化。同时，房地产具有用途多样性，不仅可以满足人们的基本居住，还可以用于商业经营、工业生产和娱乐休闲等。房地产的不同用途也对其价值产生影响。即使是地段结构等相似的房地产，由于其用途的不同会导致价值不同，因而须承担的税负也不同。

房地产的不可移动性和用途的多样性，给房地产价值的评估及其税额的确定带来一定复杂性。

（三）收支的地方性

房地产的难以移动性决定了地方政府的大多数公共服务只为当地的房地产业主服务，只对当地的房地产价值产生影响。因此，房地产税收应该回报地方政府，用于地方公共服务项目的支出。

（四）可持续征收性

除了土地之外的任何资产都会在使用中被磨损直至报废和灭失。而土地可以被不断改良，反复利用，持续到永远。由于房地产的持久性，房地产税收可以为财政提供稳定和持久的税收收入。同时，由于房地产供给的稀缺性，特别是城镇、经济发达和人口密集地区土地更为稀缺，导致房地产价格随经济增长不断升值，因而房地产可为政府带来持续增长的税收。

三、房地产税负归宿的均衡分析

（一）局部均衡分析

1. 房地产供给具有一定弹性时的税负归宿

房地产出租时，房地产税负由出租方和供给方分别承担。一般地，还有几种情形。一是，如果房地产业主自住时，税负无法转嫁，用业主的其他收入缴税。二是，如果房地产由业主自己用作厂房、商业等经营时，则可能通过提高产品和服务价格或者压低原材料价格实现税负的前转或后转，税负由消费者或者原材料提供者分担。三是，如果业主出售房地产，则可能一次性地前转给买方，但也可能反向地承受买方未来即将缴纳的税额之资本化额（即买方税负的资本化），具体由市场供求状况决定。房地产买卖时的税负转嫁情况与上述类似。

2. 房地产供给无弹性时的税负分析

根据古典经济学的假设，从短期来看，土地的数量固定，土地供给完全无弹性。如果对土地所有者征税，由于供给完全无弹性，土地供应不能改变。征税后，均衡土地数量不变但是卖方得到的净价格却下降了，下降数量为单位税额。税负没有转嫁，全部由土地所有者承担。

（二）一般均衡分析

局部均衡分析是在假定其他一切市场条件不变的情况下，研究税收对某一特定市场供需变化的影响；而一般均衡分析，同时考虑税收对所有相关市场上价格与数量变化的综合影响。为便于分析说明，对房地产税做一般均衡分析时，通常将其看成是对资本价值征税，而不是对消费品征税。

1. 开征统一房地产税时的一般均衡

如果在全国范围内开征统一税率的房地产从价税，所有业主都将承担税赋，且由于短期内房地产供给无弹性，税负不发生转嫁。由于所有地区、所有房地产都实施同样税率，改变房地产地点和类型都不能减少税负，避税的唯一选择是减少所拥有的房地产数量——即削减投资，因为税后收益小于税前收益。

2. 实行差异税收时的一般均衡

在许多国家，并没有对本国范围内的所有房地产实行统一税收政策。现假定对投资某类房地产免税（或以零税率征收），而对其他所有类型房地产以统一税率征税。这时，投资者可以通过减少应税房地产的投资和增加免税房地产的投资来避税。随之，由于应税房地产的数量（供给）减少，此类房地产的资产价格和投资者的回报会增加，部分抵销税收负担。同时，免税房地产供给的增加又将降低其价格和投资回报，缓冲其增加趋势。最终，达到两类房地产税后净回报率相等时的均衡。

应税和免税的房地产所有者最终都要承受税收负担，即使名义上只对应税房地产所有者征税。通过市场效应引起投资者的行为改变，对应税房地产征收的税负就会转嫁到免税房地产上。

以上分析中还假定了资本可以完全流动，投资者总是追求利润最大化，而消费者是非流动的，即消费者不能在两种房地产之间进行转换。比起房地产的使用者改变需求来说，投资者在不同类型的资本中变动投资要更容易些。如果这些假定不成立，如果投资者不改变其投资类型，那么将由应税房地产所有者承担全部税负；如果消费者可以自由选择应税房地产，所有者为吸引消费者可能降价或提升服务，实际税负增加。而免税房地产所有者因消费者流入提价获利，这使两类房地产税负与收益更复杂，市场均衡异于假定情况。

四、房地产税基与税率的选择

（一）房地产税基的选择

1. 房地产税基的种类

房地产税基的确定没有一个统一的标准。有些国家和地区征收是基于房地产的价格，如市场价格、原始价格或租赁价格，有些则基于房屋建筑面积或土地面积征税，还有许多国家与地区采用其他税基征税，如按房屋套数征税等。各种税基的利弊如下。

第一，房地产市场价格。市场价格是在房地产市场上由买卖双方达成的某一宗房地产的交易价格，一般包括土地和建筑物的价格。如果该房地产很长时间以来一直没有被换手交易，则必须对其进行评估，估出最可能的市场交易价格。

以房地整体的价格为税基，其优点是随着房地产的升值，税收不断上升，但有可能会抑制土地的开发利用。例如，房地产所有者原本打算扩建房屋，但考虑到房屋因扩建而增值会导致房地产税额的增加，可能因此改变打算。这一改变致使土地的低效利用而导致全社会的福利损失。以房地整体的价格为税基时，尽管业主可以理解并认同因为政府提供的公共服务使房地产的市场价值得以提升，需要提高税额。但是，由于收入没有相应提高，承受不起加重的税负，还是放弃扩建的打算。

第二，原始价格（原值）。房地产原始价格即房地产权取得时的原始价格。计税的税基是产权人获得房地产时的原始价格，此后一直以该原始价格为税基，直到该房地产再次转手。

以原始价格为税基的优点在于，为避税没有人愿意轻易转手换房，从而抑制投机。因为，当房地产被出售时，根据纳税的需要重新评估房地产市场价格，买主今后缴纳的房地产税将以本次交易时评估的价格为税基。而且，买主会考虑到以后的纳税成本，谈判中尽量压低价格，最终往往买卖双方各分担一部分房地产税，即买方实现部分税负的资本化。

但是，以房地产原始价格作为税基存在四方面的问题。首先，这种机制在一定程度上抑制所有者出售其住房，即使当时的情况非常适合将房屋出手转让。如由于空巢，老年退休夫妇不准备继续居住在过于宽大的住宅中，但为了避免这种税额负担，可能会放弃搬到小公寓居住的计划。其次，人们更倾向于互相交换房屋居住而不经过买卖程序，以避免多缴税。在这种税制下，房地产的换手率看起来不那么高了，有失房地产市场信息的客观性。再次，由于房地产的市场评估价格随着房地产市场的发展不断上升，以房地产原值征税，政府的征税额不能随着时间的推移和房地产价值的增加而增加。最后，以房地产原值征税，导致税制不公平。在同样的房地产市场中，相邻的相同住宅因为其换手率不同，需缴纳的税额将有很大差别。这也是其最致命的缺点。

第三，土地价格税基为土地价格，即仅对房地产所占的土地征税，而不包括地上建筑物的价格。按照土地价格的具体内涵不同，有土地价值税和土地增值税之分。土地增值税是按土地增加的价值课征的土地税。土地价值税中的土地价值一般是指土地的市场评估价格，也可以是政府公示的地价，还可以是由土地所有者自己申报的土地价格等。

以房地产的土地价格为税基，其优点是不会对土地上的建筑物产生影响，投资者会自觉不断提高土地的利用水平，提高土地的使用效率，极大促进土地开发利用。如果对一块空地征税，而这块空地没有任何收入来源，土地所有者就会千方百计对其进行必要的开发建设，期望能从中获得收益。对土地价值全额征税，将使土地开发利用更快速和高效。

如前文分析，土地具有不可移动性且短期内土地供给是完全无弹性的，只对土地征税，超额负担为零。不会产生福利损失与对经济的扭曲作用，同时土地税的征收可以刺激土地的密集使用。而且，从公平角度来看，以土地价值为税基，由于通常富人拥有更多的土地，税收具有累进性。

但是，以土地价值为税基在实际操作中存在着致命的缺陷。首先，由于土地的数量是有限的，除非政府提高征税税率，否则难以满足日益增长的财政支出需要。第二，要从房地产总价值中分离出土地价值有一定难度，如繁华的闹市区很难找到仅有土地交易的数据。

第四，租金。租金包括房地产的总体租金，即地租和房租。租金有毛租金和净租金之分，净租金为毛租金扣除维护费、保险费用等。理论上，净租金的贴现值（年值）同房地产的资本价值相等，因此，以房地产租金的资本价值和以房地产市场价格为税基本质上是相同的。当房地产没有买卖交易但是经租时，这种税基给征税带来了便利。另外，这种征税方法可以促使房东减少空置。因为当房地产处于闲置状态时，由于不存在实际利用，房地产所有者没有租金收益却要承担税负。

但是，以房地产的租金为税基也有其弊端。首先，在实践中，租金收益常常是依据房地产的现行用途而非最高最佳使用用途来确定，根据现行用途评估的租金收益，房地产的应税价值常常低于其潜在的市场价值。其次，存在大量业主自住房产的情况下，确定房地产租金收益较为不易。再次，某些特殊类型的房地产，如石油化工厂、城市污水处理厂等，只存在唯一的使用者而无公开市场租金，确定房地产租金收益成为一个大难题。

第五，房地产等级。这种方法将房地产划分为若干个等级，分别按照不同标准征税。对相同等级内的房地产按照相同的标准征税，且在实践中一般很长时期才调整一次。对政府来说，一旦确定了土地等级和土地基准地价之后，在计征房地产税额时比较便捷，征管成本较低。划分房地产等级的标准有多种，如房地产所在地、房地产用途、房屋建筑使用材料、房地产所在地的人口数量等。

但对于房地合一的统一体，这一方法有其不公平性，如未考虑建筑材料的好坏、房屋庭院的大小。所以这种方法适用于房屋相对同质的区域，对房屋差异很大的区块则不适宜。

第六，面积（建筑面积或者土地面积）。以建筑面积为税基是指按照建筑物面积大小来征税，需缴纳的税额是根据每单位建筑面积缴纳的税额乘以总建筑面积来确定。确定房地产的建筑面积比评估房地产的市场价格要容易，而且房屋一旦建成，面积不会发生变化，税收征管方便。同样，按照土地面积征税，税额根据土地面积乘以单位土地面积来确定。

按照建筑面积征税，可以鼓励房屋所有者在土地上建造一些不计面积的附属物，提高土地利用率。按照土地面积征税，更可以直接刺激土地利用率的提高。

2. 不同税基的比较

综合比较各种税基可以发现，最能够体现房地产受益原则的税基是房地产市场评估价格、土地价格和租金水平，三者均能很好体现房地产受地方公共服务影响的水平和程度；而房地产原值与房地产等级相对于房地产市场价格往往具有滞后性，不能动态反映周围设施的变化。以房地产面积作为税基，如果不结合考虑等级，则不仅不能很好体现税收公平性，有时甚至违反受益说和量能说。

从征管成本考察，以房地产的市场价格（租金）作为税基，动态求取，较复杂，给税收征管带来不便；而以房地产面积与房地产等级确定税基，可以减轻征管成本。

从税收收入的持续稳定性而言，以价格为税基，一般能带来与经济同步增长的税收。但是，也有可能由于价格的暴跌，导致税收的剧减。

在对资源有效利用的作用方面，以土地价格为税基征税，可以刺激房地产资源被有效开发和利用；而以房地产市场价格为税基，作用恰恰相反。

从对市场价格的影响看，对房地产征税不论采用何种税基，都会影响供求双方的决策，从而引起交易价格的波动。在买方市场和卖方市场，税负分别实现后转与前转。但相对而言，以面积、等级和原值为税基时，由于税负相对稳定，引起变化较小。

（二）房地产税率的选择

房地产税率的选择与非房地产税一样，关键在于确定合适的税率水平。

关于税率水平的讨论，最有代表性的属供给学派的减税主张。供给学派认为，个人、家庭、企业从事劳动或进行投资，是为了获得更多的报酬。报酬越高，劳动或投资的积极性越大。政府征税会影响纳税人实际获得的报酬，因而影响到个人、家庭和企业的行为。供给学派认为，政府不应当设置较高的税率，因为降低税率会刺激个人和企业的劳动及储蓄，会大大增加全社会的供给。而且，有时减税不会导致政府税收总量的减少，因为减税造成生产和产品供给的扩大，使税基相应扩大，税收总额反而会有所增加。

高税率不一定就能取得高税收收入，而高税收收入又不一定要实行高税率；取得同样的税收收入，可以采用两种不同的税率。适度的低税率从当前看可能会减少政府的收入，但从长远看却可以刺激生产，扩大税基，最终有利于政府收入的增长。

根据拉弗曲线，房地产税率选择时应倡导"宽税基、低税率"的思想，即减税不是减少税收，而是通过降低过高的税率，扩大征税范围，在总量上保证稳定的税收收入。

第三节 我国现行的房地产税收制度评析

一、我国房地产税概述

在我国，对房屋和土地基本上分别征税，而且以土地税为主。这里所说的房地产税是房产税和土地税的总称，目前，主要包括了房产税、契税、印花税、耕地占用税、城镇土地使用税、土地增值税等。两者的征税对象、征税目的、税率互不相同，共同之处仅在于征税基础都是不动产，其纳税环节都发生在房地产的占有、使用和经营活动时。

房地产税的计税依据主要有面积、价值和收益三类。在我国的房地产税的征收中，三种计税依据被运用于不同的税种中。而第三种主要适用于所得性质的房地产税种。

根据房地产税征税时间和征税依据的不同，房地产税的征税方法大体上可分为以下三类：逐年定期征税、在房地产转让时征税和定期不动产增值税。

二、我国现行的房地产税种

我国的房地产税制是我国现行税制体系中较为复杂的一个行业税收体系，它几乎涉及了我国现行税制结构体系中的所有税类。下面介绍主要的房地产税种。

（一）耕地占用税

耕地占用税是国家对占用耕地建房和从事非农业建设的单位和个人征收的一种税。其征收的主要目的在于控制非农业建设对耕地的占用，稳定耕地面积，保障农业的发展。同时，通过征税逐步建立起一笔基金，用于农业开发，以补偿耕地被占用带来的损失。

耕地占用税范围包括国家所有和集体所有的耕地，耕地是指用于种植农作物的土地和占用前 3 年内用于种植农作物的土地。

国务院财政、税务主管部门根据人均耕地面积和经济发展情况确定各省、自治区、直辖市的平均税额。

各地适用税额由省、自治区、直辖市人民政府在上述规定的税额幅度内，根据本地区情况核定。在经济特区、经济技术开发区和经济发达且人均耕地特别少的地区，适用税额可以适当提高，但是提高的部分最高不得超过当地适用税额的 50%。占用基本农田的，适用税额应当在当地适用税额的基础上提高 50%。

下列情形免征耕地占用税：a. 军事设施占用耕地；b. 学校、幼儿园、养老院、医院占用耕地。该暂行条例还规定了一些减征情形。

（二）城镇土地使用税
城镇土地使用税是国家按使用土地的等级和数量，对城镇范围内的土地使用者征收的一种税。其征税目的是合理利用城镇土地，调节土地级差收益，提高土地使用效益，加强土地管理。同时，适当增加国家财政收入。

城镇土地使用税在城市、县城、建制镇、工矿区征收。征收对象为上述范围内的国有土地和集体所有土地。

该税收按照纳税人实际占用的土地面积为计税依据。土地使用税是采用分类分级的幅度定额税率。

该税种的政策性免税对象包括：国家机关、人民团体和军队自用的土地；由国家财政部门拨付事业经费的单位自用的土地；宗教、寺庙、公园、名胜古迹自用的土地；市政街道、广场、绿化地带等公共用地；直接用于农、林、牧、渔业生产的土地；经批准开山填海整治的土地和改造的废弃地（从使用月份起，免缴 5～10 年）；由财政部另行规定的能源、交通、水利设施用地和其他用地。

另外，纳税人缴纳土地使用税确有困难，需要定期减免的，经省、自治区、直辖市税务机关审核，报国家税务局批准后，可给予减免税照顾。

由地方政府确定的免税对象主要包括：个人所有的居住房屋及院落用地；房产管理部

门在房租调整改革前经租的居民住房用地；免税单位职工家属的宿舍用地；民政部门举办的安置残疾人占一定比例的福利工厂用地；集体和个人办的各类学校、医院、托儿所、幼儿园用地。

（三）土地增值税

土地增值税是以土地增值额为课税标准，对土地使用者因转让国有土地使用权所获收益进行征收的一种税。此税种的开征目的是合理调节土地增值收益，抑制房地产投机，减少国家土地资产流失，规范土地市场行为。

规定的扣除项目金额主要包括：取得土地使用权所支付的金额、房地产开发成本、房地产开发费用、旧房及建筑物的评估价格、与转让房地产有关的税金等。值得一提的是，这些扣除项目都是按照纳税人实际操作中所支付的相关金额计算的。

土地增值税的减免政策有如下几种。

①纳税人建造普通标准住宅出售，增值额未超过扣除金额20%的部分。
②因国家建设需要依法征用、征收的房地产。
③个人因工作调动或改善居住条件而转让原自用住房，经税务机关核准，凡居住不少于5年，免征；居住满3年未满5年的，减半征收。

对于隐瞒虚报房地产成交价格的，提供扣除项目金额不实的或转让房地产成交价格低于房地产评估价格又无正当理由的，均按房地产实际成交价格和评估价格计征该税。

（四）房产税

房产税是以房产为课税对象，按房产的余值或房产租金向房屋产权的单位和个人征收的一种税。房产税的征税范围为城市、县城、建制镇和工矿区，不包括农村。

我国的房产税实行按年计征、分期缴纳，具体的纳税时间由省、自治区和直辖市人民政府规定。

根据上述规定，房产税的免征范围包括以下几种情况：国家机关、人民团体、军队自用的房产；宗教、寺庙、公园、名胜古迹自用的房产；由国家财政部门拨付事业经费的单位自用的房产；个人所有非营业用的房产；经财政部批准免征的其他房产，包括危险房屋、大修停用期间的房屋、微利企业和亏损企业的房屋等。此外，纳税人缴纳房产税确实有困难的，可以由省、自治区和直辖市人民政府确定给予定期减征或免征。

（五）契税

契税是在土地使用权和房屋所有权发生转移时，由土地和房屋权属的承受人缴纳的一种税。开征契税主要是为了保护公民不动产的合法权益；加强房地产管理，减少产权纠纷；适应社会发展的需要。

可以减征、免征契税的项目主要有如下几种。

①国家机关、事业单位、社会团体、军事单位承受土地、房屋用于办公、教学、医疗、科研和军事设施。

②城镇职工按规定第一次购买公有住房。

③纳税人承受荒山、荒沟、荒丘、荒滩土地使用权用于农、林、牧、渔业生产的。

④依照我国有关法律规定以及我国缔结或参加的双边和多边条约或协定的规定应予以免税的外国驻华使馆、领事馆、联合国驻华机构及其外交代表，领事官员和其他外交人员承受土地、房屋权属的，经外交部确认，可免征。

⑤因不可抗力灭失住房而重新购买住房的，免征。

⑥土地、房屋被县级以上人民政府征用、占用后，重新承受土地、房屋权属的，是否减征或免征，由省、自治区、直辖市人民政府确定。

⑦财政部规定的其他减征、免征契税的项目。

（六）房地产营业税

营业税是对规定的营利事业和经营行为征收的，房地产营业税的纳税人包括在中国境内销售不动产的企事业单位和个人。转让不动产有限产权或永久使用权，单位将不动产赠予他人，视同销售不动产。

房地产营业税的征税范围包括销售建筑物和其他土地附着物。一般情况下，营业税征收所依据的营业额为纳税人销售不动产而向对方收取的全部价款和价外费用（包括向对方收取的手续费、基金、集资费、代收款项、代垫款项及其他各种性质的价外收费），税率为5%，计算公式：应纳税额 = 营业额 × 税率。

（七）个人所得税

个人所得税是对个人的所得征收的，房地产个人所得税主要对由房地产转让、出租所获取的所得征税，税率为20%。

第一，对住房转让所得征收个人所得税时，以实际成交价格为转让收入。

第二，对转让住房收入计算个人所得税应纳税所得额时，纳税人可凭原购房合同、发票等有效凭证，经税务机关审核后，允许从其转让收入中减除房屋原值、转让住房过程中缴纳的税金及有关合理费用。

其中房屋原值根据房地产产权性质的不同，如商品房、自建住房、经济适用房、已购公有住房、城镇拆迁安置住房而有所差异；转让住房过程中缴纳的税金指纳税人在转让住房时实际缴纳的营业税、城市维护建设税、教育费附加、土地增值税、印花税等税金；合理费用指纳税人按照规定实际支付的住房装修费用、住房贷款利息、手续费、公证费等费用。

三、房地产税收的征管

房地产税收的征管是指税务机关依据国家税收法律、法规的规定，对房地产税收征纳活动全过程进行管理和稽查，以保障国家税收法律、法规顺利贯彻实施的一种税收管理活动。从体制方面来说，我国房地产税收体制主要属于地方税制，税收收入主要归地方政府所有，但是我国的地方政府在很多方面缺乏自主权，对于税收征管，主要是根据国家政策完成地方税收的征收管理。这使得我国的房地产税收无法因地制宜。

房地产税收征管需要的房地产信息资料，如权属、面积、交易过户资料等，一般由地方房地产相关部门收集管理。与此同时，房地产税收由地方或国家政府税务机关统一征收。两者的分离往往导致税务机关掌握资料信息不足，征税成本增高；两个部门的协同可以提高征管效率。另外，房地产税收的征管需要房地产评估行业的配合。改善我国税务部门、房地产管理部门和房地产评估机构的信息沟通，是提高房地产税收征管效率的关键。

四、我国房地产税制目前存在的问题

我国现行房地产税费体制，从其运行的情况来看存在一些问题，具体如下所述。

（一）税、费、租混乱

税收属于社会再分配范畴。房地产税是国家为了满足一定的公共需要，通过法律规定的标准，强制、无偿地占有一部分房地产价值以取得财政收入的一种形式，属于社会再分配范畴。地租是直接生产者所创造的剩余产品价值被土地所有者占有的部分，是土地所有权在经济上的实现形式。只要存在土地所有权垄断和土地所有权与土地使用权的分离，就必然存在地租，这与社会形态无关。地租在分配层次上，属于社会初次分配。而与房地产开发经营有关的各种收费，则是国家向土地所有者或土地使用者收取的服务或消耗的补偿。从本质上来说，是一种投资与使用管理的补偿，不属于分配与再分配的范畴。

单从概念上分析，我国目前存在税、费、租界限不清，以费代税，以费挤税的现象。比如土地闲置费，它名义上是一种惩罚性的收费，实质是一种资源浪费税，并不符合费的概念，是明显的以费代税现象。又如土地使用费，该费种从其内容来看，有"租"的本质，而从其实施过程来看，其又类似于"税"。

（二）税率略轻略重，重复课税

第一，我国现行的房地产税收，主要集中于房地产建设的增量和房地产流转或经营领域。税制的征收重点在于流通环节，税负繁重且有重复交叉，而在占有、使用阶段的税收被轻视。

第二，从税率来说，相对于我国现阶段的房地产市场状况，其设置存在略高略低的问题。比如耕地占用税，其设置目的是保护农用耕地，然而从征收执行情况来看，并没有达到其预期的目的，原因在于税率太低，与开发商所得的利润相比，耕地占用税微乎其微。存在同样问题的还有城镇土地使用税。这两种税的税额都不超过 50 元每平方米。再看土地增值税，采用四级超额累进税率，最低为 30%，最高达 60%。将该税种与前面所讲到的两种相比则显得过高，妨碍了整个税制协同的作用。

第三，我国现行的房地产税收，存在着各税费交叉重叠的现象。比如，房地产权转让收入须按全额征收营业税，而同时又要按增值部分征收土地增值税，对于增值的那部分金额明显地存在重复征税的现象。又如，对于纳税人的房产所占地块，既从量课土地使用税，又从价计征房产税。对房地产产权发生转移所签订的契约或合同的双方征收的契税和印花税，也有类似的重复。

（三）一些税种计税依据不合理

首先是城镇土地使用税。该税种的计税依据为实际占用的土地面积。税种设置的一大原则是公平。城镇土地使用税的征税目的之一是调节土地级差收益，实现企业的公平竞争。从我国目前的税制设定来看，该税种所考虑的是全国范围内的土地级差收益。而从现实来说，区位对土地使用效用的影响在更小的范围内，如同一城市内也存在着，而且影响极大。该税种的计税依据按城市划分档次，没有充分体现公平原则。

又如房产税，它有两种计税依据，即房产原值和房产租金。在现实生活中，房产的实际价值和租金会随着房地产市场的发展而改变，通常与原值之间存在着很大的差距，采用这样的计税依据，会导致两种计税依据之间的失衡。

再如土地增值税，目前规定的课税依据是转让土地使用权、地上建筑物、附着物的增值额。我国在课征该税种时，计税依据除了土地自然增值额外，还包括了土地使用者个人开发所得的利润，而从理论上看，对这部分利润的课税并不属于土地增值税的课征范围。土地增值税的课税理论依据是对不劳而获的土地增值财富的再分配，也就是说，是对自然增值（不是房地产本身改良所致）的那部分财富进行再分配。所以，在该税种的课征过程中，应该进一步完善土地自然增值和非自然增值的界定。

（四）税权分布结构存在缺陷

税权分布有两层含义：一是税权在中央政府与地方政府之间的分布，二是指税权在课税主体上的分布。

从第一个含义来说，我国目前存在的不足是地方政府的税收权限不够，无法根据地区特点来制定更符合地区自身状况的税制。从第二个含义看，我国现行税制存在着不少问题。从整个税收管理制度来看，我国税务机关和财政机关都介入了房地产课税征管。同时，房地产分散管理及征税机关与房地产评估机构协作的失调、征管权限的法律漏洞等，均使税权分布的弊端更加突出。

（五）税种不完备，减免范围太大，征收力度不够

首先是税种不完备，如我国至今未开征房地产遗产税；其次减免范围太广，如我国现行的房地产税属于保有税范畴，对存量房特别是住宅，大多列入免税范围，税基的覆盖面不够。由于减免范围太大，征收力度不够，以至于在实际中被误认为在我国房地产税费主要设置在房地产流转、经营阶段。不少学者呼吁开征"房地产税"，增加保有成本，打击投机行为。然而事实上，我国现行的房产税、城镇土地使用税从本质上说等同于国外的不动产保有税，问题在于计税依据、减免范围和征收力度等方面尚待完善。

第八章
房地产业持续发展的动力

第一节 城市化与房地产经济关系

中国的经济体制改革为房地产经济发展提供了制度平台，中国的城市化则为房地产经济发展提供了源源不断的动力。这既是经济社会发展规律的体现，也是中国政府顺应时代潮流，谋求经济和社会转型升级的大战略。因此，研究房地产经济问题，必须同时研究中国的城市化。

一、中国城市化必要性研究

20世纪90年代，中国经济发达地区农业规模经营和城市经济的快速发展，共同推动农村剩余劳动力进城务工，形成所谓"民工潮"，这是改革开放以来民间自发的城市化。

（一）农业规模经营呼唤城市化

针对理论界对规模经营的不同看法，不能把规模经营看作单项独进的工程，而应把它与农业内部结构调整和城市化进程结合起来分析。从我国情况看，农村剩余劳动力有两条出路，一条是通过发展农产品加工业将农业剩余劳动力转移出去；另一条是主要出路，是农村剩余劳动力流向城市或中心集镇，提高地区城市化水平。

城市化与工业化相互依存、同步发展，是各国经济和社会发展的普遍规律。城市化滞后于工业化，主要是指农村人口在社会总人口中的比重过高，不仅同农业增加值在GDP中日益降低的比重不成比例，而且同农业劳动力在社会总劳动力中的比重也不成比例。

第一，城市化滞后抑制消费需求增长。农村居民消费需求远低于城市居民是不争的事实。

第二，城市化滞后阻碍社会劳动生产率的提高。农业生产的特殊性决定着其劳动生产率与户均耕地数量直接相关。多年来我国农村人口不断增长，而耕地不断减少，户均耕地日益减少。

第三，城市化滞后妨碍农业产业化进程。农业产业化是农业现代化的基石，提高农业产业化程度，内靠农业专业人才和资本积累，外靠市场需求不断扩展，城市化滞后对此也起着相反的作用。从农村内部看，过多劳动力滞留在农村，导致农业副业化，农业专业人才极难产生。即使培养出来，也缺乏用武之地。农户经营规模狭小，资本积累缺乏源泉。即使拥有较多资本，受农地规模限制，也不可能有较高效益。

从外部看，城镇人口比重过低，农产品市场扩展困难。就如现在这样，三个农民供应一个市民，农产品需求相对狭小。农业一丰收就难卖，一歉收缺口却很大。农民"既盼丰收，又怕丰收"，政府则老是处于"因歉收而担忧，因丰收而尴尬"的境地。因此，用大视野审视农业问题，只有加快农村人口向城市转移，扩大农产品需求市场，农业产业化才有光明的前景。

第四，城市化滞后阻碍城镇建设和城市中心功能的发挥。各国城市发展历史告诉我们，农村人口不断向城市转移，是城市建设发展的主要动力和源泉。毫无疑问，农村人口大量流向城市，会产生城市就业、住房、治安、环境等诸多社会问题，但这些问题毕竟是发展中的问题，可以在发展中逐步得到解决。从某种角度看，城市建设发展过程也就是这些问题不断产生和解决的过程。阻碍农村人口向城镇转移，城镇建设就缺乏动力和压力。

第五，城市化滞后阻碍产业结构调整和第三产业发展。城乡人口比例是一、二、三产业运营比例的基础。

第六，城市化滞后影响国民素质的提高。国民素质是决定国力强弱的主要因素。半个世纪以来，我国国民素质有了明显进步。

第七，城市化滞后影响环境保护和治理。防治环境污染是各国工业化面临的共同课题。

第八，城市化滞后影响建设用地的集约使用。总之，城市化过程既是城市规模扩大过程，也是建设用地使用的集约化过程，从切实保护耕地、节约使用每寸土地出发，必须使城市化与工业化相适应。

综上所述，我国城市化严重滞后于工业化，对城乡经济和社会发展产生种种消极影响。当前，我国在生产、消费、人口、环境和土地等方面存在的许多问题无不与城市化滞后相关。当务之急是明确加快城市化进程的巨大战略意义，通过制度创新，尽快扭转城市化滞后局面。以此为枢纽扩大内需，调整结构，使城乡建设出现质的飞跃。

（二）城市化滞后：扩大内需的深层梗阻
20世纪90年代后期扩大内需成为政府宏观调控的重要措施，但是单纯地扩大投资规模，不能解决根本问题，难以从整体上提高经济和社会发展水平。

1. 我国城市化明显滞后于工业化
工业化推动工业劳动生产率大大高于农业生产率，工人收入明显高于农民收入，必然吸引农村人口向城市转移。它不仅满足了工业发展对劳动力的需求，促进工业规模经营，而且为不断增加的工业产品提供了市场。因此，工业化导致城市化，城市化反过来促进工业化。农村人口向城镇转移，成为工业化时期各国经济和社会发展的总趋势。

2. 城市化滞后对需求增长的制约

城市化滞后从多方面阻碍需求正常增长。首先，它阻碍农村需求增长。农民有效需求增长依赖于农民收入增长，归根到底取决于农业劳动生产率的提高。因此，要扩大农村有效需求，必须加快城市化步伐，彻底解放农村剩余劳动力。

其次，城市化滞后阻碍农民消费向市民消费升级换代。农村居民的消费倾向之所以偏低，一方面，因为农村的社会保障明显不如城镇；另一方面，城乡消费观念、消费习惯、消费心理、消费条件和消费环境均有较大差异。城镇消费环境集中，相互攀比和诱惑等外部刺激作用大；农村消费则具有分散性和封闭性，客观上削弱了消费的动力。城乡人均消费需求之差大于城乡人均收入之差，主要是非经济因素在起作用。因为消费需求既是一种生理需求，也是一种社会心理需求，若能改变居住环境，使具备一定条件的农村人口迁往城市，必将引发消费需求量和质的全面提高。

再次，城市化滞后制约城市建设需求增长。城市化过程既是农村人口向城市转移的过程，也是城市建设不断发展的过程。城市之所以具有农村不可比拟的人口承载力，不仅是因为它有许多工厂、商店和住宅，而且它有完善的基础设施和庞大的公共服务系统，能有效满足市民的各种需求，解决人口聚居带来的种种问题。这些都是城市建设巨大投资的结果。农村人口向城市转移，城市中心作用不断加强，为城市建设投资提供了源源不断的动力。限制农村人口向城市转移，不仅限制了城市的积聚效应和其中心功能的扩大，而且影响城市建设需求的增长。加快城市化步伐，必将大大刺激城市建设投资，使其跃上一个新的台阶。

此外，城市化滞后，两栖型人口或流动人口过多，还制约着民间直接投资需求。因为从农业中转移出来的劳动力无城镇户口，在城镇无固定住所，无正式职业，不能享有普通市民待遇。他们即使积累了一定数额的资金，在缺乏必要保障的条件下，也不愿在城市投资。家乡则土地切块承包，规模狭小，更缺乏投资条件。因此，除了在农村盖房，余下的多数选择储蓄。若能扭转城市化滞后局面，允许并鼓励两栖型人员在城镇定居，必将大大激发这批先富起来的农民对二、三产业的投资热情，促进城镇经济进一步发展。

3. 加快城市化进程的可行性

我国城市化滞后还有其深厚的思想基础和利益背景，只有转变观念、理顺关系，瓦解阻碍城市化的观念壁垒和利益壁垒，才能彻底扭转城市化的滞后局面。

从思想观念方面看，城市化滞后首先根源于工业化目的的偏差，即片面追求工业产值比重，忽视农村大多数人的发展，颠倒了物与人的关系。其次根源于人们对城市功能与作用认识的偏见，对城市发展中出现的问题看得过重。

各国城市化和现代化的史实已表明，城市化在扩大社会分工、促进规模经济、降低交易成本、满足人的多方面需求和提高人的素质等方面，具有巨大而深远的作用。城市化过程中产生的就业、住房、交通和环境等问题不可忽视，但它们属于发展中的问题，可以在发展中逐步得到解决。因此，只有转变观念，确立以人为本的发展观，以全面、发展的观点看待城市化问题，才能加快城市化步伐。

从经济关系方面看，城市化滞后根源于城乡利益矛盾，突出表现为担心农民抢市民的"饭碗"。有的地方政府甚至制定行政条例，限制外来人员进入城镇部分行业和企业。这种做法限制公民自由、平等的择业权利，同时也违背了市场经济运行原则。只有打破地方封锁，建立统一开放、竞争有序的市场体系，才能使生产要素得到优化配置，真正实现人尽其才、物尽其用。排斥劳动者就业竞争，既不利于劳动者提高技能水平，也不利于企业提高劳动生产率。鼓励乡镇企业向城镇集中，让已有正当工作和合法收入的两栖人员定居城镇，他们新增的投资和消费需求必然产生联动效应，加大社会总需求，增加城镇就业机会。因此，加快城市化步伐，不仅使农村居民分享城市文明成果，而且也使城镇居民从城镇扩展中获得好处。总之，要扭转城市化滞后局面，必须摒弃城乡利益对立论，认清城乡利益的互补性。

综上所述，我国城市化进程明显滞后于工业化进程，阻碍需求增长，已成为我国经济持续快速发展的深层梗阻。加快城市化步伐，可以起到理顺关系、扩大内需和优化结构等多重作用。改革开放以来，我国城镇建设高速发展，农业生产技术不断进步，为扭转城市化滞后局面创造了种种有利条件。只要我们解放思想，抓住机遇，加快城市化步伐，就可以变被动为主动，为扩大内需扫清障碍。

二、城市化与房地产业发展

在世纪之交，中国政府做出决策，实施城镇化发展战略。这不仅是当时应对亚洲金融危机、扩大内需的战略选择，也是21世纪中国经济和社会持续协调发展的战略选择，特别是为房地产经济发展创造了难得的机遇。为此笔者撰文指出中国实施城市化战略给房地产业发展带来了历史性机遇和挑战。

（一）房地产发展历史性的机遇

城市化是世界各国经济和社会发展的共有现象和规律。随着农业劳动生产率的提高，农村劳动力开始过剩，与此同时，城镇二、三产业规模不断扩大，收入较高，也吸引更多人参与。农村人口向城镇转移，不仅满足二、三产业发展对劳动力的需求，而且形成巨大的消费群体和购买力，反过来又推动经济增长和结构的调整。历史显示：各国经济和社会发展的过程是城乡联动，工业化和城市化相互依赖、相互促进的过程。为此，有人把 20 世纪称为"城市化世纪"。我国把城市化作为一种重要战略，列入经济和社会发展规划是首次。它大大加快 21 世纪农村人口向城镇转移，自然也给城镇房地产业带来历史性的发展机遇。

房地产业纵贯房地产投资开发、经营管理和服务，主要为城镇建设特别是为住宅建设服务。改革开放以来，我国城镇土地开始实施有偿和有期限使用，职工住房分配转向货币化，房地产业有了合适的体制环境，获得快速发展，为城镇建设和改善市民居住条件做出了巨大贡献。

但是不可否认，随着房地产业的发展，商品房闲置面积也在不断增长。商品房供过于求，有其盲目开发和价格、质量等多方面原因，可是多年来农村人口向城镇转移困难，导致城市化水平低，城镇的人气不足，房地产市场狭窄，不能不算是一个主要原因。作为工业化生力军的乡镇企业大多分布在农村，当了工人的农民普遍"离土不离乡""进厂不进城"。即使在城镇有相对稳定的职业和收入来源，也受城乡分割户籍制度的制约，难以在城镇购房落户。所谓凭当地城镇户口入学、招工，控制农转非指标和对外来人员征收高额的城市增容费，都是限制农村人口向城镇转移的手段，当然也限制了城镇扩展，限制了房地产经济的发展。

总之，城市建设和房地产经济发展归根到底受城市人口总量的限制。从城市化角度看，目前我国城镇商品房闲置或过剩，可能仅仅是相对于原城镇居民需求的过剩，是二元经济结构和城市化滞后状况下的过剩。

实施城市化战略，房地产市场会有历史性的拓展。首先，率先取消城乡户籍迁移障碍的城镇，商品房供需两旺就是最有力的证明。

其次，住宅建设必然连带房屋装修。

再次，城市化必将扩大城镇基础设施建设。

仅上述三项新增需求相加就可知实施城市化战略给房地产业发展带来的市场需求。如此巨大而又持续不断的需求，仅以目前水准计算，不包括城市化引发的城镇二、三产业规模扩大和其他消费需求的增长。

总之，我国人口众多，城市化水平低。在各项体制逐步理顺，社会总供给大于总需求的大背景下，加快城市化进程，房地产业有望在众多产业中独领风骚，获得持续快速增长。这是一种难得的历史性发展机遇。

（二）城市化对房地产经济的全方位挑战

城市化既为房地产业发展提供了难得的机遇，同时也在资金、技术和管理等方面，对担当城镇建设重任的房地产业提出了更高的要求，形成全方位的挑战。

第一，在资金方面，城市化要求扩大城镇规模，需要巨额资金建设城镇基础设施，普通开发商难以承担。因为此类建设投资额大，回收期长，而且效益外溢，属于公共产品，所以大多只能依靠政府公共投资。政府虽然每年也有这方面的支出，但要为城市化而大规模扩大基础设施建设，地方的"吃饭财政"普遍无能为力。

中央政府实行积极财政政策，扩大基础设施建设，近年来效果明显。但是，未来继续实施积极财政政策的余地并不大。因为政府债务负担不能只看国债余额占 GDP 的比重，如果加上不良金融债务和社会保障欠债，目前政府债务负担已不轻了。何况我国的债务依存度（当年国债发行额占当年财政支出的比例）已经相当高。因此，继续增加财政赤字，风险太大，缺乏可行性。至于过去采用以户籍资源换取资金和征收高额城市增容费等形式筹集城镇建设资金，这些做法不仅所筹资金有限，而且有悖于城市化战略，难以为继。总之，要加快城市化进程，资金首先是个大难题。

第二，在技术方面，城市化不仅要求扩大城镇规模，而且必须优化城市布局，强化城市功能，这是城市化不可缺少的"质"的规定。只有这样，才能在结构调整中实现产业升级，满足国民提高生活质量的要求。因此，以技术进步为内涵的城市化，必将挑战我国城市建设和房地产业惯有的粗放型增长方式。

鉴于住宅建设在房地产业中的主体地位，房地产业增长方式的转变主要集中在住宅产业现代化上。住宅性能包括其适应性、安全性、耐久性、环境性和经济性等五个方面，住宅质量是这五种性能的综合体现。

由此可以推论，依靠技术进步提高住宅建设质量，应当体现在规划设计勘测技术、材料和部件生产技术、建筑施工安装技术、住宅设施配套技术和住宅功能质量检测技术等若干方面。

我国住宅建设技术虽然在不断进步，但是离住宅建设现代化仍有较大差距。如城市规划超前意识弱，统一性和权威性低，科技进步对住宅产业的贡献率不到 30%，而同期发达国家为 60% ~ 80%。住宅生产方式基本上仍是手工操作、湿作业劳动，劳动生产率相当于发达国家的 1/7，单位能耗是发达国家的 3 ~ 4 倍。房地产产业化程度低，系列化产品不到 20%。因此，如何利用城市化发展这一历史性机遇加快房地产业技术进步，是城市化能否有效推动社会全面进步的关键。

第三，在管理方面，城市化扩大了房地产市场需求，但同时也要求有关方面加强房地产市场监管，健全房地产行业管理，规范房地产企业管理，使进城居民无论购房还是租房，都能称心、安心和舒心。显然，这是对目前我国房地产业各类管理的挑战。

现代任何产业的发展都需要规范、高效和至诚的管理。国家之间、部门之间、企业之间的竞争，表面上是价格、品种、功能和服务等的竞争，实质是技术和管理的竞争。管理是一种无形资源，向管理要效益是世界的普遍呼声。

在房地产领域，管理显得格为重要。因为房地产商品价值大，使用周期长，交易成本高，所以人们购房特别慎重，怕上当受骗，怕隐蔽质量问题，怕售后服务差，迫切要求规范房地产市场管理、行业管理和企业管理。我国房地产业因形成时间相对较短，所以各类管理相对薄弱。在市场上不乏广告误导、价格欺诈、不平等格式合同；在行业内政企不分，垄断、不正当竞争、非法转包情况严重；在企业内缺乏有效的动力机制和约束机制，活动效率低，随意性大。近年来，这些问题虽有所减少，但没有根本好转。房地产业如不能通过管理现代化切实克服这些问题，就难以满足城市化发展的需要。

（三）对策和建议

不可否认，在计划经济时期，政府利用多种手段严格控制基本建设投资是必要的。在土地使用制度变革之初，房地产业营运一度曾极不规范，政府为遏制土地炒卖而采取的行政经济措施也极为必要。但是，这毕竟是特定环境的产物。在正常环境下，房地产业直接为城市建设特别是住宅建设服务，是体现社会整体利益和长远利益的具有很强公益性的产业。因此，对一般房地产投资和流转，政府不仅不应限制，而且应给予鼓励，包括在税费方面实行为居住而购买普通住宅的免税制度，投资房地产建设的所得税豁免或返还制度等。

古人云"有恒产者有恒心",说明投资不动产对社会的积极意义。结合房地产业在城市化中的重要地位和作用,政府应改变传统对房地产业的管制政策,使房地产业在宽松的政策环境下,为城市化做出应有的贡献。

针对上文所述资金短缺问题,政策制定者只要统一上述认识,就可扭转目前资本市场房地产板块偏小与其产业比重不协调状况,支持符合条件的房地产企业上市,解决房地产骨干企业资金短缺问题。此外,还可学习国外开放房地产金融二级市场的经验,使房地产抵押贷款债权证券化,分散和转移银行信贷风险,利用多种资本市场,确保房地产投资长期资金供给。

优化行政服务和强化行政监督,是政府转变自身职能、提高管理水平不可偏废的两个主要内容。因此,政府对房地产业发展的支持,还应体现在加强房地产市场监管和城市规划监管上。如前所述,目前我国房地产市场秩序(包括商品房交易秩序和建筑市场秩序)不尽如人意。有的市民花费毕生积蓄购得住房,结果因房屋质量问题和售后服务问题,等于买了包袱。这种现象虽然不是很多,但影响极坏,扰乱了市场秩序,抑制了房地产有效需求。我国城市规划统一性和权威性低,与规划部门平时沟通少、执行规划督察不力有关,导致城市建设和房地产开发整体水平不高。因此,强化房地产市场秩序监管,加强规划部门与社会各方面的沟通,提高城市规划执法力度,是城市化进程中房地产业健康发展不可缺少的保障。

从房地产企业方面看,也应通过观念、技术和制度创新,适应城市化发展的需要。观念创新包括房地产经营战略中确立租、售并举理念和住宅一、二级市场联动理念,住宅质量体系中确立可持续发展理念,市场营销中确立品牌理念等。在企业创新体系中,观念创新是龙头,忽视观念变革就难有技术和制度创新。

技术创新对房地产开发经营是关键,只有技术创新才能切实提高房屋质量,满足城市化进步的要求。当然,技术创新首先要集中力量解决房屋质量通病。其次,企业应依据"没有最好,只有更好"的标杆管理理念,不断推出新材料、新功能、新房型。在推进部件生产专业化过程中,注意处理好标准化和多样化的关系,实现城市建设科学化和艺术化的统一。此外,技术创新涵盖硬技术和软技术,企业应结合树形象、创品牌,加强企业文化和小区文化建设,使城市建设和房地产业发展具有更丰富的内涵。

企业制度创新主要包括建立现代企业制度和实现房地产产业化。房地产企业大多是国有企业,产权模糊、政企不分比较突出。通过产权多元化,明晰产权关系,转变企业经营机制,可以克服国有企业陋习,同时取得制度优势和规模优势,适应市场经济发展要求。

重视行业内部战略协作，推进住宅部件生产专业化，加快行业产业化进程，是房地产业现代化的必由之路。这是一个以功能为目标、市场为导向、专业化生产为基础，把规划和设计、生产和施工、销售和管理融汇在一起，用现代居住理念、高科技手段和集成化管理联合建成的房地产工业化体系，是制度创新和技术创新的有机结合。房地产企业如能利用城市化机遇，摒弃小生产方式，加快专业化、产业化进程，就能在城乡结构调整中有效实现产业升级。这是21世纪城市化给房地产业带来的最好见面礼。

第二节 新型城镇化与房地产经济发展

一、转变经济发展方式和扩大内需的战略选择

当前的首要问题是应反思原有发展方式的内在缺陷，真正确立以改善民生为目标的发展方式，以改革城乡分割的户籍制度为切入点，设法使已进入城镇多年且有稳定职业的农民工及其家属在城镇定居，把他们纳入城镇居民基本社会保障体系。如此才能大范围扩大国内消费需求，推动经济发展方式由数量型、速度型向质量型、效益型转变。因此，准确地讲，"做实"城镇化才是转变发展方式和扩大内需的战略选择。

（一）做实城镇化对转变经济发展方式和扩大内需的战略意义

首先，做实城镇化是以实际行动端正经济发展指导思想，以改善民生为目标，以结构调整为重点，实现由数量型、速度型发展向质量型、效益型发展转变的最务实的行动。

两栖型城镇化实质是我国数量型、速度型发展方式的产物。无视转移人口在城镇的安家定居问题，结果是劳动力的流动与劳动者权益保障不配套，人口的转移与安家落户不配套。这样的城镇化充其量是为国际产业资本转移和城镇基本建设提供众多廉价的劳动力。GDP固然快速增长，却不能有效缩小城乡收入差距，不能有效提高迁移人口的生活质量，不能扩大基本劳动群体的消费需求，不能为经济和社会发展提供持久的内在动力。因此，两栖型城镇化与做实城镇化的区别根源于经济发展指导思想的差别。

其次，做实城镇化的关键是解决亿万迁移人口在城镇定居的问题，并赋予他们应有的基本社会保障权利，由此才能有效扩大中低收入群体居住需求，连锁拉动其他消费需求，这是实现我国经济持续增长不可或缺的内生动力。

安居才能乐业，目前我国城乡居民中居住条件最差的群体之一是农民工群体。消费创

造生产，住房需求属于基础性和领先性消费需求，由此可以连锁带动家具和其他生活设施需求，拓展消费和生产的空间极其宽广。

再次，做实城镇化要求改革不良体制，消除或缩小由此造成的社会矛盾和收入差距，减少人们因长期流动性就业产生的种种短期行为，营造安居乐业氛围。这也是消除社会不稳定因素、建设和谐型社会的战略举措。

现在人们都意识到建设和谐社会的重要性，和谐就是幸福，和谐就是力量的源泉。对建设和谐社会威胁最大的是管理体制僵化产生的矛盾和冲突。做实城镇化意味着消除农村人口向城镇转移的体制障碍，消除农村劳动者在城镇就业和职业发展方面的体制障碍。由此，政策性流动人口会大幅度减少，工作的稳定性和生活的安全感会明显提升，人人平等就业，安居乐业。这是建设和谐社会最基本、最重要的战略举措。

（二）做实城镇化的关键措施

第一，必须首先在总体上反思我国以往经济增长方式的缺陷，包括城镇化进程中重人口流转数量而轻人口生活质量的倾向，由此转变发展理念，确立以科学发展观为指导、改革和创新为动力、改善民生为目标的新的战略方针。在此基础上，把扩大内需的重点由生产转向生活，把改善城镇社会保障的重点由存量转向增量，重点解决城镇化过程中有稳定工作的农民工及其家属在城镇的定居问题。

第二，在鼓励有条件的农民工及其家属在城镇落户定居的同时，中央和省级政府应当出台鼓励地方基层政府落实新政的配套政策。做实城镇化的表面障碍是户籍制度，根源却在于地方政府缺乏相配套的财力和动力。为此，中央政府应遵循财权和事权相匹配的原则，按照城镇化过程中入迁户籍人数，特别是跨省、跨市入迁城镇户籍人数，给予地方政府必要的专项财政补贴，同时根据跨城镇新迁入人口数量，配给一定数量的城镇建设用地计划指标，由此增强相关城镇吸纳农村人口的动力和财力。

第三，创新区域协调办法，以迁移户将农村原承包土地和住宅用地全部归还集体为条件，给予其入迁时享有一次性在城镇安居的权利。目前不少城市已出台农村住宅置换商品房的政策，但这些做法都局限在本行政区域内部，无法跨省市实施。如果迁移者原籍地方政府和农村集体组织出台配套政策，对农户放弃土地权属给予必要的经济补偿，鼓励他们在城镇谋生，就能增强其在城镇安居的能力。迁入方地方政府如能按照入迁人数享受城镇化补贴和增加建设用地指标，也就有责任和动力妥善安置迁移人口的居住问题。如此两地共同支持，就能有效解决入迁户在城镇安家定居的问题。

总之，两栖型城镇化弊端众多，做实城镇化是转变我国经济发展方式的必然要求，也是扩大内需、增强经济内生动力的最优战略选择。只要转变经济发展理念，注重结构调整和社会稳定，注重发展质量和改善民生，创新协调办法，落实相关配套措施，就一定能做实城镇化，给经济发展增添更强的动力和活力。

二、放开中小城市户籍限制

为了应对"半城市化"或"两栖型城市化"的状况，我国不少城市尝试推行居住证制度，逐步为流入本地区并能稳定就业的人员办理落户手续。地方政府无疑想借此稳定外来务工群体，但一些专家学者却对某些城市办居住证时设定种种条件（如学历等）提出质疑，希望取消有关歧视性政策。加快户籍改革，开放中小城市户籍登记制度，是当前加快农民工市民化进程的有效途径。

以下八大理由呼唤中小城市放开户籍限制。

第一，放开户籍限制是确保公平公正、维护社会稳定、促进经济社会协调发展的要求。农村人口进入城镇，能自食其力，期望长期居住，却不能取得当地户籍，影响其工作和生活质量的改善，影响其子女的成长，凸显现行户籍制度的不公平性。确保社会大众包括各类群体拥有公平公正的发展机会，是管理当局必须坚持的底线。否则不仅有损政府的形象，而且会加剧社会的不稳定性。开放户籍，维护公平公正，得益的不只是弱势群体，而是全社会。

第二，放开户籍限制可使新生代农民工融入城市社会，实现体面就业和生活。与他们的父辈相比，新生代农民工比较看重未来发展，希望在城镇能体面地就业和生活。

第三，我国城市经济和社会的正常运行已离不开长期在城镇工作和生活的农民工。目前城市商业、服务业、制造业、建筑业劳力大多来自农民工。不仅众多企业生产与服务离不开他们，城镇广大居民生活也离不开他们。多年来他们辛勤劳动在城镇，没有他们就没有工厂忙碌的流水线，也没有繁华的市场。工业化和城镇化改换了他们的人生轨迹，他们事实上已成为当今城市运行不可缺少的重要主体。为此，开放户籍制度，确认他们在城镇的主体身份，是城市自身运行和发展的要求。

第四，目前我国中小城市城镇化水平仍然较低，理应成为今后提升城镇化水平的重点。以开放和优惠方式鼓励有条件的农村人口落户中小城市，是优化人口空间布局、实现城市适度规模优势、改善国民生活质量的综合要求。当然许多中小城市的基础设施和居住条件也在不断改善，城市的承载能力不断提高，有条件支持户籍开放。

第五，我国财政收入多年高速增长，若进一步扩大民生支出，有能力支持户籍开放。从地方角度讲，享受人口红利和城镇化红利的流入地政府，应当承担城镇化的户籍转轨成本，而不是把房地产升值收益用于建造空荡荡的大剧院、城市博物馆，举办大而无当的博览会。总之，从中央到地方，如能进一步调整财政支出结构，强化政府公共服务和社会保障功能，加快户籍改革，实现基本公共服务均等化是可以期待的。

第六，拆除落户藩篱，有效扩大农民工群体的消费需求，是解决目前我国产能严重过剩问题的战略选择。当前我国经济因外需锐减，产能过剩相当严重。扩大内需是解决产能过剩的主要出路。但是如果延续传统城乡分割、地区分割的户籍制度，就无法把城镇化的巨大潜在需求转化为现实需求。若能重视提升城镇化质量，解决迁移人口的户口问题，就可启动大量迁移型消费，满足定居需求，包括改善居住条件的种种消费，进而带动工业制成品消费和其他基础设施消费。这是以民为本调整国民收入分配结构、扩大消费需求的战略选择。

第七，推进户籍改革是消除民工子女成长隐患、改善儿童和青少年教育环境的要求。青少年成长质量关系国家未来，民工子女（包括留守儿童和流动儿童）总数巨大，加快户籍改革，还民工子女一个安定、亲和、快乐的童年，使他们在新定居地与当地儿童同等享受城市现代教育，是造福千万家庭和造福社会的大事。因此，从全局看，加快户籍改革，改善千万农民工子女的教育和成长的环境，既有可能，也更为必要。

第八，加快户籍改革是减少人口无序流动、稳定企业员工队伍、提升员工素质、促进企业转型升级的要求。人力资源是企业第一资源，稳定的员工队伍是企业开发人力资源、提升员工素质和技能的必要条件。但是据统计测算，新生代农民工中只有20%在城市稳定就业，近80%处于不稳定状态。这种就业"短工化"和高流动率，使企业员工队伍很不稳定，员工流失率居高不下，招人难、留人难成了困扰许多企业的难题。究其缘由，固然有青年民工活力充沛、不满工作现状的因素，也有企业管理不善的因素，但根本原因是城乡分割的户籍制度导致他们没有一个固定和完整的家，他们如无根的浮萍随风飘荡。因此，加快户籍改革，确认他们的市民身份，也是广大企业稳定员工队伍、提升员工素质的要求。

综上所述，"城市必须成为人类能够过上有尊严、健康、安全、幸福和充满希望的美满生活的地方"。我国实施城镇化战略已有很多年，现在以居住证制度固化"半城市化"，实质是固化了现存不合理的社会利益结构，无助于城镇化持续健康发展。只要真正贯彻以人为本、公平共享的原则要求，加快户籍改革，以此为契机就能推动地方乃至全国经济和社会发展跃上一个更高的平台。

三、中国城市化和城市治理的反思与转型

城市化模式与城市治理模式一脉相承。我国传统城市治理主体单一，目标功利化，治理空间封闭化；传统城市化在其目标与标准、农民工市民化成本、城市化空间与范围方面也存在误区。以"人"为核心的新型城镇化要求城市治理三维战略转型：在治理主体上由一元治理向多元治理转型，在治理目标上由唯 GDP 目标转为人本化目标，在治理空间上由城乡分割转为城乡统筹。这是实现新型城镇化和城市治理现代化良性互动的战略选择。

（一）问题的提出和文献回顾

城市的出现和繁荣是人类走向成熟的标志。中国的城市化从 20 世纪 90 年代的"民工潮"到 21 世纪政府推动的"城镇化"，每年由农村向城镇转移的人口达千万。城市化推动工业化和城市建设的作用有目共睹。但是，与城市化相伴，中国社会贫富分化由传统的工农差别和城乡差别扩展到同城不同群体之间的差别，在城市生活、工作和学习的各类群体中，收入、健康、安全、尊严、社会保障和家庭生活等方面处于底端的无疑是外来务工者及其子女。与此相联，农村的留守妇女、留守儿童和留守老人问题也日益严重。这种由体制禀赋和资源禀赋叠加滋生的新型贫富分化使社会发展与经济增长失衡，背离全面建成小康社会的要求。当前在倡导新型城镇化过程中，应深刻反思传统城市化和城市治理中存在的诸多问题，更新发展理念，统筹城乡关系，推动城市化和城市治理战略转型。

总之，已有研究肯定中国城市化和城市治理取得的成绩，同时揭示了存在问题。因传统制度、观念和既得利益的多重障碍，相关转型仍然举步维艰。要加快新型城镇化进程，提升城市治理效果，必须进一步反思城市化与城市治理的问题，推进体制和机制创新。

（二）对传统城市化和城市治理的反思

传统城市化存在三大认识误区，它们与传统体制交织并存，降低了城市化的质量。

首先是城市化目标与标准的误区——以扩大城市规模为目标，单一以城市人口比重为标准评判城市化水平，忽视农民工的市民化，忽视城市化人文质量。

城市化水平是城市化率和城市化质量的综合体现，城市化质量包括城市化物质质量和人文质量，后者主要是指由农村转移到城市的劳动者及其家属的生活质量和工作满意度。传统城市化以扩大城市规模为目标，单一以城市常住人口比重评价城市化水平，把农村向城市转移人口的生活质量、工作质量和城市生态环境质量排除在城市化水平之外。管理当局把进入城市工作生活半年以上的农民工认定为城市常住人口，评定城市化水平。而在为城市人口提供社会保障和公共服务时，却以户籍为由把这些新市民排除在外，使他们在就业、文化教育、居住条件、医疗保障、养老服务、子女培养和社会交往等方面处于明显的弱势地位，成为城市相对贫困人口。

其次是"农民工市民化成本"的认识误区——低估农民工的价值贡献，高估农民工的市民化成本，把若干年的总支出等同于一次性支出。

其实，外来农民工进入城市工作就是城市国民收入包括财政收入的创造者。把劳动时间、劳动强度、劳动环境和工资水平差异等因素综合考虑进来，农民工对城市经济发展的价值贡献并不低于普通户籍市民。外来农民工平均年龄明显低于原户籍市民，目前给予他们必要的社会保障，就医疗保障和养老保障而言，在相当长的时期内，他们人均实际获得的财政补助资金数量肯定会低于原户籍市民。就养老保障而言，他们的加入甚至会成为增加城市社会养老基金收入的主要来源。若干年财政的总支出并不等于一次性支出，对"农民工市民化成本"的夸大性误判阻碍常住人口公共服务均等化，实质是既得利益者对社会公平的否定。

最后是城市化空间与范围的认识误区——以城乡差别和分割为依据，认为城市化就是重点发展城市，汇集更多资源加快城市建设。

城市化的本质是生产要素在市场调节下的空间优化配置，这是与工业化并行的城乡互动、农工互利实现城乡区域共同发展的过程。

中国城市化存在的上述问题和误区与传统城市治理体制三大缺陷直接相连。

一是城市治理主体的一元化。政府把自己看成是"万能机构"，在城市治理中"越位"和"缺位"并存。政府单一治理模式削弱了市民包括外来农民工的主体地位及其参与城市治理的积极性，使管理机构日益庞大，治理手段缺乏灵活性，导致治理成本不断上升，治理效率低下，加大了政府的负担。

二是城市治理目标的功利化。这是指管理当局在城市治理决策中的唯 GDP 倾向，包括招商引资中的种种不当承诺和竞相优惠，土地城市化明显快于人口城市化，城市建设中的奢华表现，都与片面追求 GDP 高增长相关。结果是高投资、高增长和高污染并存，地方政府债务高，城市治理的经济效益、社会效益、生态效益与经济增长不成比例，农民工的劳动付出与所得不成比例。

三是城市治理对象与空间的封闭化。这是指地方政府对户籍市民与非户籍市民的分割治理，以及对城市与周边乡村的分割治理。借助户籍制度阻碍农村人口在城镇落户，借助城乡等级差别阻碍同城居民社会公共服务均等化，这种城市治理铸成我国最大的社会不公。

（三）新型城镇化呼唤城市治理三维战略转型

首先，城市治理主体由一元向多元转型，开发和利用更多力量支持新型城镇化。

城市治理主体的多元化是当代城市治理的主流。新型城镇化要求全面优化城市建设，建立多元化可持续的城市化投融资机制，多种方式拓宽城市建设融资渠道。针对不同项目性质设计差别化融资模式与偿债机制，制定企业和政府合作（如 BOT、BT、TOT 和 PPP 等模式）进入特许经营领域的办法，鼓励社会资本参与城市公用设施投资运营，缓解政府资金的不足，提高公共项目建设运营的效率和透明度。新型城镇化需要承认农民工的市民主体地位，消除城乡体制壁垒，消除户籍身份歧视，调动一切可以调动的资源，关心和帮助农村转移人口，使他们在城镇安居乐业。

其次，在城市治理目标上由 GDP 增长转为人本化目标，全面提高城市生产、生活和生态质量。

城市治理的人本化要求以"人"为核心，以满足市民日益增长的物质与文化需求为目的，全面提升城市生产质量、生活质量和生态环境质量，取代传统的唯 GDP 增长目标。

城市生活质量是全体居民包括农村向城镇转移人口的生活质量，是有社会保障的生活质量，是物质与文化并行的生活质量，是生存、发展和享受共有的生活质量。生态环境质量包括工作环境、居住环境和城乡大环境的生态平衡与优化，是地下、地表和空间统一的立体生态质量，是可持续发展的生态质量。最终通过对全体劳动者工作满意度、居民生活满意度和居民对环境满意度的检测获得验证和反馈。

最后，在城市治理空间上由城乡分割转为城乡统筹，增强新型城镇化对农村的辐射力。

新型城镇化进程中的城乡一体化，包括城市与乡村区域发展的一体化和城市内部治理中户籍市民与非户籍市民的一体化。前者是本地乡村和城镇的一体化，后者是新型城镇化进程中的一种特殊意义的城乡一体化，必须同时突破地区分割和城乡分割才能实现。没有这种深度城乡一体化，亿万外来农村人口进入城市多年而未能拥有市民应有的待遇，就不能算是真正的城乡一体化。

（四）基于新型城镇化的城市治理转型的着力点

首先，主导城市治理的政府管理部门必须真正确立人本理念和城乡一体的公平理念。为什么传统城镇化模式和城市治理模式能长期延续？为什么同城常住人口不同群体的社会基本公共服务难以均等化？为什么旧的体制和制度惯性如此之大？主要原因还在于人本理念和城乡一体的公平理念只是停留在管理部门的文件和宣传口号上，而未深入人心，没有成为人们特别是管理部门必须执行的信念。检验管理部门是否确立这些理念，不仅要听他们怎么说，看城市建设如何规划，更主要看他们现在是否这么做，并是否建立行之有效的监测、检验和制约机制。

其次，中小城市尽快开放户籍登记制度，既向本市农村开放，也向外地农民工开放。现在许多城市设立居住证制度和积分入户制度，在农民工市民化过程中设置新的中间栅栏，实质是进一步固化了城乡分割的户籍制度。中小城市（常住人口100万以下的）不同于人口需要控制的特大城市，不适用居住证制度。充足的人力资源是城市取得规模效益的首要因素，面对大城市和特大城市的规模优势，面对城市原户籍人口结构快速老化，面对全国劳动年龄人口总量逐年减少，许多外出务工者回原籍创业，农村人口向城市转移数量逐步减少，中小城市发展规划决策者必须审时度势，尽快开放户籍登记制度，加快农民工市民化进程。

最后，建立财政、用人单位和个人三方分担"农民工市民化成本"机制，鼓励多元主体共同建设城市。农民工劳动创造的价值已构成当地城镇财政收入，管理部门为他们提供与原户籍市民相同的社会公共服务，这不是恩赐，而是物归原主，理所当然。要建立和完善财政转移支付与城镇接纳外来务工人员落户挂钩机制，建立和完善吸纳农村人口城镇入户与城镇新增建设用地指标挂钩机制，根除城市治理中重城市轻农村、重大城市轻小城镇、重物质建设轻人的建设的顽症。

总之，与城市化转型相配套，中国城市治理的现代化必须在治理主体、治理目标和治理空间三个维度，全面实现战略转型，围绕新型城镇化，在更新理念、开放户籍登记制度和鼓励多元主体共同建设城市方面取得实质性进展。

第九章
中国房地产的未来

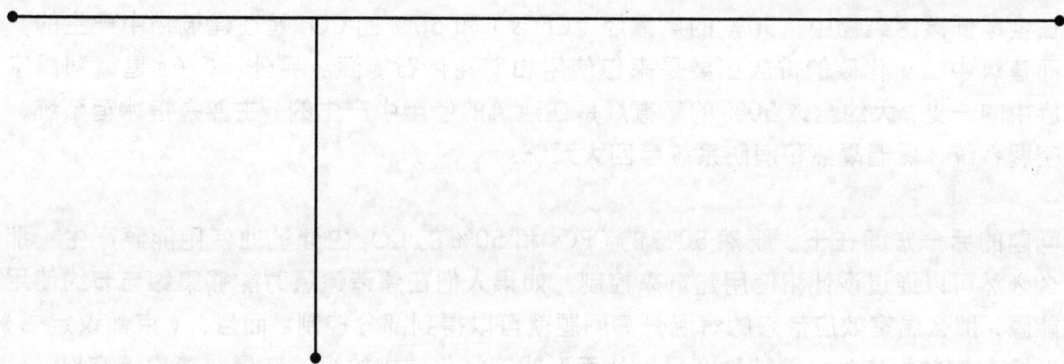

第一节 房地产低碳与低碳管理

一、低碳经济与房地产低碳

人类活动消耗大量的化石能源，排放大量的温室气体，难免会产生气温升高的问题。地球温度逐年升高的主要原因在于温室效应和臭氧空洞，而温室效应主要由二氧化碳（CO_2）产生，因为它的生命周期最长。

近年来，气温变暖导致世界各地频发自然灾害性天气事件，对自然环境和生态系统造成不可逆的影响。欧盟等发达国家提出所谓的"2℃"目标，也就是说，相对于工业化前的气温水平来说，人类社会可以容忍的最高升温是每年升高 2℃，如果超过 2℃则会出现灾难。联合国环境规划署把每年的 6 月 5 日确定为"世界环境日"，主题是"转变传统观念，推行低碳经济"，全球低碳经济成为大势所趋。

二、低碳与房地产业

在全球低碳污染物中，50% 的氯氟烃（CFCs）和 50% 的 CO_2 是在建筑物中产生的。而建筑中二氧化碳的排放主要是来自使用和消耗化石能源。另外，CFCs 是氟利昂家族中的一支，大约全球 50% 的氯氟烃是在建筑的使用中产生的，主要是指冰箱系统、空调系统、保温隔热和消防系统等四大系统。

问题的另一方面在于，既然 50% 的 CFCs 和 50% 的 CO_2 由建筑业使用能源产生，那么必然可以通过设计和使用建筑来控制。如果人们在建造建筑时能够集约与节约使用能源，那么温室效应带来的气温升高问题就可以得到部分控制。而且，《京都议定书》把 CO_2 排放权作为一种特殊商品，从而形成二氧化碳排放权的交易，简称碳交易。

三、低碳型房地产业的内涵

低碳型房地产业是指要改变以往的高能耗、高排放模式，建立新的具有较高的科学技术、较大的创新能力与完善的制度体系的发展模式，在房地产投资开发过程中充分利用健康实用、建筑节能、科学环保以及可持续发展等理念，以降低化石能源的消耗、减少碳排放总量。低碳型房地产业要求实现低碳经济、房地产建筑、生态环境的多方共赢。

低碳房地产或者绿色房地产是贯穿于土地规划和房地产设计、施工、监理、消费全过程的理念，房地产开发企业要更加重视项目品质，主动应用绿色低碳技术。住宅建筑的碳排放涉及低碳住宅的技术体系，包括低碳设计、低碳用能、低碳构造、低碳运营、低碳排放、低碳营造、低碳用材等方面。房地产开发过程应从建筑规划设计、建筑材料选用、结构设计和装修材料准备等诸多环节，树立低碳观念，提倡低碳模式，最终实现人与自然的和谐发展。

四、低碳型房地产业发展的必要性

首先，由于煤炭和石油的大量消耗，中国的环境和资源承受着前所未有的压力。专家表示，中国近百年的年平均气温升高了 1.1℃，比全球平均升温数值高出 0.74℃。中国极端气候事件发生频率和强度的变化比较明显，未来极端气候事件还可能增多，比如夏季炎热时间拉长、极端高温地区增加等。因此，中国发展低碳经济基本上已经成为共识。其次，发展低碳型房地产业是房地产自身摆脱发展局限的客观要求。再次，发展低碳型房地产业是我国经济从高能耗向低能耗、从忽视生态因素向重视生态因素、从不可持续向可持续发展转型的客观要求。房地产业处于我国国民经济产业链的中端，与钢铁、电力、化工、轻工、石化、建材、有色金属等20余个上下游产业领域直接相关。在房地产领域采取低碳战略，必将在拉动上游产业的同时，还会带动下游的消费。如果大量采用低碳技术、绿色建材产品和可再生能源，还会直接或间接带动相关行业的发展，为我国经济发展方式转型和产业结构调整提供十分重要的途径。

此外，未来我国可持续的城镇化发展还有一个相当长的历史过程。因此，房地产业已经成为节能减排潜力最大的行业。地产低碳关系到整个国民经济的低碳发展，而要减少 CO_2 的排放，就必须走绿色低碳型的地产发展之路。

房地产业的碳排放问题涉及两个过程：一是住宅的生产过程，即开发商所主导的碳排放过程；二是住宅的消费过程，即消费者所主导的碳排放过程。而开发商所主导的碳排放过程是实现建筑低碳的主要途径。

五、房地产低碳发展管理

（一）建立健全低碳建筑优惠制度，充分调动各方积极性

从国外低碳地产发展的经验来看，在低碳发展的起步阶段，政府的扶持和激励政策是引导房地产低碳之路的重要手段。政府要制定和推行有利于低碳房地产发展的政策，尽快出台涉及低碳建筑各个环节的优惠政策和法律制度，充分调动房地产开发企业、建筑公司、能源服务公司、设计事务所、建材供应商、物业公司、居民业主等各方面发展低碳住宅和低碳写字楼的积极性，并从法律方面保护各参与主体的正当利益，鼓

励他们发展节地、节能、低碳环保、经济、舒适的低碳建筑。

具体的激励措施可以包括快速审批、特别规划许可、材料折扣、现金奖励、政策贴息、风险补偿、税收优惠，甚至在一定期限内免税、低碳技术研发专项基金等方面，把事后奖励的方式改为事前激励。只有房地产开发商等低碳建筑的市场主体在生产和销售低碳建筑材料和产品时获得了切实收益，低碳建筑市场才能够得到比较好的发展，低碳建筑才能够从示范阶段步入规模操作阶段。房地产行业更要以低碳建筑为目标，通过技术创新实现新的跨越，更加符合低碳经济的发展要求，实现人与自然的和谐相处，从而使整个社会实现可持续的发展。

（二）设置专门的低碳建筑顶层管理部门，完善低碳评估体系

国家层面上应建立一个专门负责低碳项目规范制定、低碳项目审批、低碳项目建设、低碳项目验收与低碳项目评估工作的具体部门，明确规定低碳建筑应达到的节能率、节地率、节水率、节材率、温室气体的排放率、建筑材料的环保标准等相关节能减排的技术标准，对节能减排的企业给予补偿，对超标排放的企业予以征税或者处罚。在操作实施方面，应结合当地的经济、人文、气候、资源以及区域生态特征等因素，充分发挥各个地方的积极性和主动性，由地方政府管理部门因地制宜地制定针对性强、可行性高的低碳建筑评价标准和实施细则，再由顶层管理部门对其进行论证和评估后付诸实践。

（三）从公共建筑项目入手启动低碳建筑市场

低碳建筑从产品设计、技术开发、生产建造以及房产销售等各个环节，都应坚持市场需求的价值导向。低碳建筑建设初期，可通过国家机关的办公建筑、大型公共建筑等建设项目，强制建设低碳型绿色建筑标准以启动低碳建筑市场的需求力量，强化全社会节能减排的低碳意识。对新建的大型公共建筑，要对设计方案建立公开透明的专家评审制度和社会公示制度，严格执行工程建设的强制性节能标准，把能耗标准作为项目审批和项目开工建设的强制性门槛。项目建成后，应对建筑能效做专项测评，凡达不到工程建设强制性节能标准的，一律不允许进入市场销售。

（四）大力发展低碳公司，既促进低碳技术创新又分散低碳风险

低碳建筑的推广最终需要用市场化手段取代原有的行政命令，以此来调动金融机构与专业服务公司共同推广节能减排技术的积极性。而市场化手段的有效方式之一就是大力发展低碳公司。第一，低碳公司凭借自己的低碳技术参与房地产项目建设，并做好项目建成后的后期维护工作，从而为开发商分担开发成本和责任风险。第二，低碳公司通过前期的资金投入进行技术创新，以产学研相结合的方式促进太阳能、风能、生

物质能等低碳技术产业的发展和完善。第三，低碳公司通过低碳技术的产业化运作，可降低低碳材料和低碳产品的市场价格，从而为低碳房地产的发展赢得居民基础并提高市场份额。第四，低碳公司的收益与低碳地产销售和低碳地产的节能减排量直接挂钩，低碳公司分享低碳地产的部分利润和地产项目的部分节能收益，既可以收回低碳技术成本，又可以获取合法利润。总之，低碳类公司通过提供专业化的服务，能够更好地改善低碳建筑设计与低碳技术的专业化应用工作，从而实现低碳建筑的精细化开发。

（五）完善低碳人才制度，提高低碳建筑的专业化设计能力

我国目前的低碳人才奇缺，太湖低碳社区、无锡低碳社区建设等低碳建筑的建设工作，主要是通过引进瑞典、英国等国外设计人才的方式进行的。因此，我国需要大力培养低碳建筑的设计人才，尤其是造就低碳建筑的设计大师，为低碳建筑设计能力的提高提供人才支持。同时，在低碳建筑方案推行的前期，要让采暖、制冷、采光、节能、通风、照明等专业化建设主体提前参与。此外，我国低碳建筑的评估标准也要有利于提高低碳建筑的设计能力，不仅要强调低碳技术与低碳产品的应用，而且要充分考虑低碳设计环节对技术部件的整合效应，以最终实现节能减排的低碳建筑目标。总之，无论加强低碳建筑的体制环境建设工作，还是加强低碳建筑的人才队伍建设工作，都要有益于促进低碳建筑专业化设计能力的发展。

第二节 房地产经济的宏观调控与可持续发展

一、房地产经济的宏观调控

（一）房地产经济宏观调控体系的内涵

新古典主义理论认为，只要满足完全竞争条件和理性人假设，自由竞争的市场就能自动地趋于和谐与稳定，但在实际经济生活中很多假设无法满足，市场某种程度的（如寡头）和完全的垄断可能使得资源的配置缺乏效率，因而出现"市场失灵"。

1. 宏观调控的含义

宏观调控是指国家运用经济政策对经济总量（总供给、总需求、总价格、总就业等）进行调节，以促进总供给与总需求的基本均衡，实现经济的平稳增长。宏观经济调控的核心是处理好经济总量平衡与经济发展的关系，其中经济总量平衡是经济发展的基础。假若经济运行出现严重失衡，不仅会带来生产力和社会财富的损失，严重时将导致经济发展的中断甚至倒退，因此可以说经济总量平衡是国民经济持续、快速、健康

发展的基本保证。

2. 房地产宏观调控的含义

房地产市场尽管具有一般商品市场的属性，但经济适用房、廉租房、公共租赁房等房地产产品均具有公共物品的属性，难以完全通过市场进行资源的有效配置。因而房地产市场也存在"市场失灵"，需要政府在必要时对其进行一定程度的干预和调控。

房地产宏观调控是指政府根据房地产业发展现状和预警监督指标的变化规律，通过经济、法律、行政、计划手段对房地产业的发展进行调节和控制，以达到房地产业预期发展目标的管理系统。

房地产经济是国民经济的重要组成部分，在国民经济发展中发挥重要作用。房地产宏观调控是国家宏观经济调控的重要组成部分，调节房地产市场的总量平衡，优化市场供给、需求结构，控制房地产投资规模，规范房地产市场秩序，最终带来房地产行业的持续健康发展。

（二）房地产经济宏观调控必要性分析

研究房地产经济的运行，不仅要考察房地产经济的内在规律，同时也要注意房地产经济与宏观经济的协调发展，为此国家对房地产市场进行宏观调控。事实上，对房地产经济的宏观调控是自始至终必须进行的，只不过宏观调控的方向、力度和重点在不同时期有所区别。

1. 宏观调控是房地产资源优化配置的需要

房地产经济是整个国民经济的重要组成部分，是市场经济中的一个子系统，市场虽然能在资源配置中有效地发挥作用，但存在着自发性、滞后性、盲目性和分化性等缺陷，容易造成大起大落的不稳定状态，也可能带来资源的浪费。因此政府干预是必要的，政府在房地产市场供求平衡过程中担当重要角色，发挥政府的货币政策、财政政策、产业政策和计划机制的协调作用，真正使房地产资源配置达到高效率。

2. 宏观调控是引导房地产业健康发展的必需

房地产的基础产业性质和支柱产业地位决定了政府对房地产业的宏观调控较之其他产业的宏观调控更为必要。供求矛盾是房地产经济的根本矛盾，目前的房地产市场发育程度决定了房地产的供求矛盾受到许多非市场因素的制约。政府作为体制改革的推进者和市场的培育者，需大力造就市场机制得以发挥的环境，并通过多种手段调控供求总量与结构，以达到市场发育和供求平衡的双重目标。只有针对房地产经济的特点采取相应的对策措施，才能引导房地产业健康发展。

房地产业是先导性、基础性产业，又是国民经济中的支柱产业。房地产业的产业链长，同国民经济中的其他产业关联度强。房地产业的发展状况直接影响相关产业的发展，房地产业的发展直接影响社会总供给与总需求的平衡和结构的平衡，对整个国民经济的发展至关重要。因此，对房地产经济的宏观调控就成为政府对整个国民经济实施宏观调控的重要环节。

（三）房地产经济宏观调控的内容和目标

房地产市场调控的内容和目标是多方面的，其中主要是房地产与国民经济协调发展的问题，房地产市场总供给与总需求的平衡问题，房地产供给与需求结构平衡的问题，房地产价格调控的问题，房地产收益分配的调控问题等。

1. 调控房地产经济与国民经济协调发展的关系

房地产经济是国民经济重要的产业部门，在国民经济发展中处于十分重要的地位。房地产经济与国民经济发展的关系，一般是以房地产经济发展的规模、速度和水平来衡量的，通常是用房地产增加值、房地产增加值增长率、房地产增加值占 GDP 的比重三个指标来表示的。所以，如果国家对房地产经济调控得当，就能够满足经济社会发展对生产和经营性用房以及居民的住房的需求，提高居民居住水平和促进国民经济发展。同时，由于房地产经济又是投资风险性大、市场供给弹性很弱的产业，所以被一些专家称为"泡沫经济多发产业"。如果房地产经济在较长的时间内发展失控，就可能产生泡沫经济，对国民经济造成重大危害和损失。

2. 调控房地产总供给和总需求的关系

在市场经济条件下，房地产生产是为了满足房地产市场的需要。这就要求房地产总供给和总需求必须相符合、相一致或相平衡。房地产总供给主要决定于房地产投资规模和投资速度，房地产总需求则主要决定于国民经济发展的规模和速度，以及居民收入水平和收入水平提高的速度等情况。

反映或衡量房地产投资规模和速度的指标主要是房地产投资总量、房地产投资增长率、房地产在建工程总量、竣工工程总量、房地产销售总量，以及销售总量占竣工总量的比重等。

3. 调控房地产供给与需求结构

房地产经济发展不仅要求总供给和总需求的平衡，还要求房地产供给与需求结构的平衡。房地产经济结构平衡主要包括两个方面的内容：一方面是房地产经济内部各类房屋供求平衡的问题；另一方面是房地产经济发展地区平衡问题。

房地产经济是一个巨大的产业体系，房地产的产品种类很多，大体上可以分为经营性房地产、办公类房地产、住宅类房地产。这几类房地产的供给结构必须与需求结构相适应，否则就会引起发展的不平衡。

房地产市场虽然具有地方性，地区之间发展不平衡在一定条件下是正常的，无可非议的。但就一个国家来说，各个地区之间发展的差距不能太大，否则会引起不良的后果。就我国目前情况来说，主要是东南部沿海地区房地产发展的速度太快，中西部地区发展得太慢。

20 世纪 90 年代以来，特别是进入 21 世纪，国家对国民经济进行的宏观经济调控，不仅控制了房地产投资规模，而且对房地产投资的结构也进行了调控，控制了高档别墅和楼堂馆所的建设规模，扩大了城市居民住宅的建设；同时，西部大开发、中部崛起、振兴东北老工业基地等方针的实施，促进了中西部地区房地产业的发展。所以，房地产经济调控的一个重要任务就是调控房地产发展的结构，使各类房屋的发展与社会对它的需求相适应，使地区之间房地产发展差距保持在一个合理的区域内。

4. 调控房地产价格

房地产价格是房地产市场调控的重要内容，也是房地产市场运行的核心问题。在市场经济的条件下，房地产企业是按照房地产市场价格调节企业生产的。房地产价格的高低，直接影响着企业利润的大小，从而作用于资源的配置。所以，采取有效的手段，按照价值规律和房地产市场运行状况，有效地调节市场价格，通过价格调节房地产企业投资方向和房地产供求关系，不仅是房地产调控的重要内容，而且也是使房地产市场运行规范化的重要手段。

当前我国房地产经济发展中一个重要问题，就是一些大城市的住房价格偏高，远远大于居民收入与住房价格 1 :（3 ~ 6）的比例。住房价格偏高，不仅影响了居民解决住房的问题，而且在高利润的情况下，把大量社会资本吸引到了房地产领域，引起了资源不恰当的配置。国家已经采取或正在采取有效措施，把房地产价格调控到一个合理的区间。

5. 调控房地产收益分配关系

房地产收益分配涉及土地所有者、房地产开发建设者、房地产使用者等方面的利益关系。调节房地产收益分配，就是要通过建立合理的租税费体系，正确处理房地产经济运行中的租税费关系问题。我国目前房地产收益分配中的主要问题是国家土地收益流失严重、房地产价格偏高、税费设置不合理等。为此，必须通过加强土地一级市场的垄断，建立土地有形市场和土地整理储备中心，规范土地市场的运行；取消不合理的收费项目；调整房地产税收；引进竞争机制，加强对房地产价格的调控和管理；力求调整和规范房地产收益分配关系。

二、房地产经济的可持续发展

（一）房地产经济可持续发展概述

1. 可持续发展思想的发展

可持续发展思想是在当代经济社会发展的实践中逐步形成和发展起来的。在相当长的时间里，人们认为只有经济的增长是发展，人们一味追求经济的快速增长，特别是20世纪50年代以后，工业发展非常迅速，生产力水平大幅度提高。这种高速增长一方面创造了前所未有的经济奇迹，同时也对人类生存环境造成了巨大影响。水、空气、土壤以及生物中的污染物已达到危险的程度；生物界的生态平衡受到重大和不适当的扰乱；一些无法取代的资源受到破坏和陷于枯竭；人为的环境，特别是生活和工作环境里存在着有害于人类身体、精神和社会健康的严重缺陷。面对经济社会发展中的问题，特别是资源和环境问题，人们逐步深刻地认识到，为了人类社会发展的长远利益，必须使人口、资源、环境、经济、社会得到协调发展。持续发展的思想就是在这种背景下逐步形成和发展起来的。

可持续发展思想的内涵可以归结为经济持续、生态持续和社会持续三个方面，即以自然资源的可持续利用和良好的生态环境为基础，以经济可持续发展为前提，以谋求社会的全面进步为目标。既要满足当代人的需要，也不能因为满足当代人的需要而使后代人失去生存发展的机会。

2. 房地产经济可持续发展的内涵

根据可持续发展的基本思想，房地产经济可持续发展的基本含义是，房地产经济发展既要满足当代人对住房的需要以及从事其他社会经济活动所需房地产的需要，又要满足子孙后代未来的需要，既符合局部人口的利益，又不对其他人的需求利益造成损害和威胁。具体地说，房地产经济可持续发展的根本要求，就是在进行住宅与房地产开发建设时主要做到以下几点。

第一，充分考虑人口的因素，树立以人为本的思想。

第二，合理利用各种资源，对土地资源、空间资源、建材资源等自然资源进行可持续性开发利用，不能进行掠夺性开发。

第三，注意环境保护，房地产经济发展和生态环境之间必须保持平衡。

第四，房地产经济和国民经济其他产业之间、房地产业各类物业之间协调发展。

第五，建立健全房地产市场体系，保证资源的有效配置和高效使用。

第六，建立具有科学性、系统性和可持续性的房地产经济宏观调控体系，实现整个房地产业自身经济的良性循环。

房地产经济可持续发展的主要任务就是最终建立适合现代化城市协调发展的开发模式，实现房地产经济和人口、资源、环境协调发展，力求取得生态效益、经济效益和社会效益的有机统一。在房地产业实现生态可持续、经济可持续和社会可持续。

（二）房地产经济可持续发展的原则
1. 发展性原则
事物总是处于不断的发展过程中，发展是硬道理，房地产经济只有不断地发展，才能满足社会经济的需求。

2. 持续性原则
持续性原则要求房地产经济发展的规模、速度与自然资源和生态环境的承载力相适应，减少房地产经济发展对自然环境和人为环境的影响，实现房地产经济长期、稳定和健康发展。

3. 生态性原则
房地产经济发展是以各种资源和环境为条件、为前提的，特别是土地资源、水资源、空间资源和环境资源。所以，房地产经济在创造人为环境时，必须与自然环境形成一种均衡稳定的关系，维持生态平衡。同时生态资源、环境也有其特有的价值，良好的生态环境不仅有利于房地产的可持续发展，也有利于提高房地产本身的价值。

4. 公平性原则
在生态环境可接受的条件下，在满足当代人的生存和发展需求的同时，绝对不能损害后代人满足其需求的自然资源与环境条件，为后代人保持充分利用自然资源的公平权利。

5. 协调性原则

房地产业是具有高度关联度的行业，这就要求必须保持环境保护、经济发展、社会进步与生态优化之间的协调发展，而不能以牺牲生态平衡为代价，片面追求经济利益的最大化。

（三）房地产经济可持续发展的内容

1. 加强资源与环境保护、利用和建设

可持续发展是关系中华民族生存和发展的长远大计；合理使用、节约和保护资源，提高资源利用率；依法保护和开发水、土地、矿产、森林、草原、海洋等国土资源；加强资源勘察，建立健全资源有偿使用制度；完善国家战略资源储备制度；严格执行基本农田保护制度，切实保护耕地；推进资源的深加工和综合利用；建设资源节约型、环境友好型的社会，是房地产经济可持续发展的主要内容。

2. 保持城市生态环境动态平衡

现代化城市是一个以人为主体、以空间环境利用为特点、以聚集经济效益为目的，集人口、社会、经济、科学、文化的空间地域大系统。城市生态经济系统是一个自然、经济和社会的复合人工生态系统。这个系统具有以下一些特征。

第一，城市是一个以人为主体的生态系统。人们通过自己的经济活动，创造出适合于自身需要的特殊的经济、社会和人工生态环境，并且根据自己的意图不断地改变城市的面貌。既可以使城市系统维持动态平衡，也可以破坏城市系统的动态平衡。

第二，城市是一个开放式的系统城市。为了保证人的基本生存和生产发展的需要，必须从城市生态经济系统以外输入大量的生产资料和生活资料。从城市生态系统以内输出废弃物，采取各种环保措施对其中的有机体加以分解和排放到城市生态经济系统之外。

第三，城市是一个不完全的系统。城市缺乏第一生产者，即绿色植物。所以城市是一个不完全的生态系统，由此决定了城市对周围其他生态系统具有很大的依赖性。

第四，城市是一个具有人工环境的生态系统。随着城市经济不断发展，城市规模日益扩大，越来越多的水泥建筑物代替了农作物、青草、树木及其他绿色植物，工厂烟尘和汽车废气代替了新鲜空气，工业废水使洁净的水体受到污染，自然生态系统逐渐被人工环境所替代。其中经济系统具有巨大的能动性，既可以从正面保护城市生态，提高环境质量，增强城市生态系统自然再生能力和保持生态经济平衡，也可以从负面破坏城市生态平衡，干扰城市生态系统的正常运行，最终制约城市经济的可持续发展。为了保护和维持城市自然生态系统，必须搞好园林绿化，增强城市的自净能力。因为

绿化具有净化空气、水体和土壤，降低噪声，改善城市小气候以及安全防护、美化城市等功能。阔叶林、绿地能吸收二氧化碳，放出清新氧气；树木可以减低风速，收集灰尘，涵养水分，调节气候，起到抗风防灾作用。所以，在房地产开发中，要十分重视发展城市的绿化，积极营造环城林带以及在城市周围营造大片森林，积极发展具有一定高度林树覆盖的绿化地带，科学地选择各种树种，建立森林公园、自然保护区等城市公共绿地，努力扩大城市绿化覆盖率。只有在房地产开发建设中做到环境效益、经济效益和社会效益的有机统一，才能促进房地产业的可持续发展。

3. 正确处理城市化中人与地的关系
房地产经济可持续发展首先涉及的就是城市化过程中人口与土地变动的关系。工业化发展必然引起城市化。城市化就是变农村人口为城市人口的过程。为了满足农村人口进入城市以及城市发展的要求，必然也有一个农业用地变为城市用地的过程。为了正确处理城市化过程中人口与土地资源的关系，必须坚决执行保护耕地，实现耕地总量动态平衡的政策。同时要严格控制城市用地规模，集约利用土地，提高土地利用效率，优化土地利用结构，力争实现城市化过程中人口与土地资源的协调发展。

4. 坚持房地产开发建设生态规划
房地产开发建设必须遵循生态经济发展规律，制定好土地开发利用总体规划。要根据人口密度、资源潜力、环境容量和生态承受能力的限度，确定合理的建筑密度及建筑物的高度。要实行合理的功能分区，使整个城市空间布局体现城市生态经济系统的合理性。坚持绿地立体化原则，积极培育人工植物群落，大面积地进行立体绿化，力求实现生态保护和经济发展的完满结合。坚持综合利用原则，力争实现土地等自然资源利用、再生与保持相结合；生态供需与经济供需相统一。要根据各地的特点，尽量建造人口高密度和建筑低密度的现代住宅群，将住宅在水平和垂直两个方向、局部和整体两个维度上有机结合起来，形成复合式居住小区，提高配套设施的利用效率。同时提倡科学消费，杜绝不合理和浪费性消费，努力节约消费资料、生产资料消耗，大力减少环保资源的耗损，力求城市自然资源永续利用。

（四）房地产市场与可持续发展
1. 房地产市场的可持续发展观
"经济人"假定是现代经济学最重要的理论假设之一，是构建经济学大厦的理论基石。"经济人范式"是现代经济分析框架的重要内容，可持续发展观也正在融入经济分析的主流，但可持续发展的进入却对"经济人范式"提出了严峻的挑战。在"经济人范式"中，所谓经济人是自利的，也是理性的。经济人在良好的法律制度中可以增进社会公益。总之，经济人是会计算、有创造性、能寻求自身利益最大化的人。在经济活动中，个人所追求的唯一目标是其自身经济利益的最大化，即经济人主观上既不考虑社会利益，也不考虑自身的非经济利益。

然而，可持续性概念从规范经济学和伦理学的角度对经济人假定进行了否定。从可持续发展观来看，经济人充其量只具有经济理性，而他不关心政治问题与道德问题，不具有社会理性。经济人也不关心环境问题，也不具备生态理性。总体而言，与可持续发展观相适应的"新经济人"必须具有与可持续发展观相适应的行为规范，必须遵循生态安全原则和综合效益原则，也强调公平与正义原则，还要求采用共赢竞争方式。

从可持续发展观来看，市场经济伦理对经济运行中的问题所采取的这种"等着瞧"的态度是十分危险的。因为环境污染和自然资源的耗竭性往往具有不可逆转性，或者需要很长的时间才可以逆转。而且当代人有可能从自身的利益出发进行决策，而将由决策的不可逆转性造成的无法挽回的损失推给子孙后代。可以说，在不可逆转性问题上暴露出了市场经济伦理的真正缺陷。从可持续发展的角度来审视，树立资源利用的最低安全标准是解决不可逆转性问题的基本途径，而所谓的最低安全标准就是为了保证子孙后代的生存和发展，必须给他们留下最低限度质量的环境与最低限度数量的自然资源。

2. 房地产市场的可持续市场模式
（1）发展目标
要实现房地产市场发展与社会进步、经济发展与生态优化的协调和均衡，必须坚持房地产市场的可持续发展观，修正市场经济下的价格机制对资源配置的偏差。

（2）发展途径
总体而言，房地产市场的可持续发展要求把传统市场模式改造为可持续市场模式，要求把传统市场机制改造为可持续市场机制，要求把传统市场经济观改造为可持续发展观。具体而言，发展途径包括培育多元化的市场主体，期望确立代表房地产资源生态与社会价值的独立的人格化主体；扩展市场客体的范围，使房地产资源价值、经济价值、社会价值都有其实现的途径和方式；实现市场规则制定主体的多元化，确立有利于社会稳定与经济发展的房地产制度体系，弥补价格机制的缺陷，通过技术创新与制度创新来减少价值机制的资源浪费与不可逆转性问题。

（3）发展动力
动力问题主要在于以下四个方面。

第一，经济发展。不断增长的经济潜力为改造传统产业提供了充足的资金支持，也将促进包括房地产业在内的产业体系的生态化。

第二，观念转变。它来源于可持续发展观的逐步形成，来源于全社会环境保护与生态优化意识的不断增强。

第三，制度建设。规范房地产市场主体行为的法规得以完善，房地产价值充分实现的制度环境得以形成。

第四，社会转型。具有独立主体意识的多元化社会主体成为制衡政府行政权力与企业经济权力有效的社会力量，并保证可持续发展观成为社会意识形态的基本成分。

（4）发展原则

第一，节制需求原则，即应从满足人们的充分需求转换为满足人们的适当需求，需求应受限于自然环境的承载力以及社会稳定与经济发展能力。

第二，有序供给原则，即供给的效率原则应从单纯的经济效率原则转变为考虑经济、社会与生态复合价值的复合效率原则。供给应保证最合理利用现有资源及维持企业目标与社会经济整体目标的协调。

第三，生态优化原则，即房地产市场发展应保证生态资本积累成长的过程不断延续。房地产市场发展建立在房地产业发展的自然环境稳定改善的基础之上。

第四，使社会进步原则，即房地产市场发展应保证社会资本积累成长的过程不断延续。房地产市场发展应有利于社会意识形态的更新与社会文明水平的提高。

第三节 中国房价的影响因素和未来发展

房地产价格在近些年步步上升，在经济发展飞速的时代给很多人带来了极大的影响，影响主要在居民生活质量和国民经济发展不稳定两个方面。房地产价格的问题已经引起了人民和国家的高度关注，所以这不仅是经济问题，同时也是一个社会问题。

一、房产价格现状

近年来，房地产行业在我国占据非常强势的地位。随着房地产行业的不断扩大，它在各方面都极速发展，并且由于自身的关联性较强，对人民生活的影响较为广泛。正是广泛的影响面使得房价的增减成为备受全民关注的数值。国家不断加大力度控制经济，保证房价的幅度，以此来保障人民的居住需求。

二、影响房价的因素

（一）建筑成本
建筑成本是房地产价格中非常重要的一个组成部分，它包括了建材成本和人工管理成本。

（二）产业关联效应
房地产行业的关联性非常之强，这也就意味着房地产行业的不断前进可以带动中国很多其他产业的前进，所以国家对于房地产的发展非常重视。房地产行业可以带动中国几十个行业的发展，在这其中住宅产业非常突出。那么想要影响房地产行业的发展趋势，住宅行业就成为国家的主要目标。

（三）房地产的环境影响
房地产的环境影响主要是指这所房子所处的地段对价格的影响，同时还包括了附近的医疗、教育、娱乐、安全等附加因素。这些因素是居民不可逃避的问题，毕竟直接与居民相关的公共服务，正是如此才导致房价受到了广泛的影响。没有人愿意住在充满安全问题的地方，也没有人愿意住在无法给予教育保障的地方，所以人们共同的需求就会抬高部分区域房价，同时影响整体房价。随着近几年居民生活水平大幅度上升，居住的环境会不断被重视起来，除了基本的需求以外，还会对生态环境、卫生情况、交通条件有着更高的需求，这样的需求变化也会给房地产的价格带来很大的影响。

（四）城乡一体化发展
城乡一体化发展给我国带来的最大改变就是人口结构，也就表示有大部分农村人口涌向了城镇地区，使得我们的人口分布极度不平均。这种人口分布情况影响着我们的人口比重，非农民人口比重在大幅度上升，由此就会对房地产行业带来很大的影响。即使城乡一体化可以解决很多农村人口的就业问题，与此同时也出现了他们在城镇地区的住房问题。为了解决这样的突发状况，房地产行业的供求平衡要被打破，需求量大幅度提升并且尽可能满足人民的基本居住。除此之外，城乡一体化在另一方面还会对本就富裕的城镇居民带来影响，他们从中看到房地产价格上涨的势头，为了从中赚取钱财也加入房地产行业的供求平衡中，给整体的房地产价格又带来一次波动。

（五）居民收入水平提升

国民经济不断飞速发展，居民整体的收入水平也在不断提高。我国的社会保障和医疗保障也在不断完善，这就使得城镇居民对于住房的需求变得更大，也就是提高了居民的住房购买能力，一方面是指一套房子已经不能满足部分人的需求，他们的购买力影响着房地产的数量和房地产的价格。另一方面是指住房条件的不断提高，学区住宅、健康住宅等多种不同特点的住宅陆续出现。并且城镇居民的可支配收入增加使得他们开始注重投资，这就让他们看向了相对广阔的房地产行业，进而影响了房地产的供需关系，促使房地产价格波动。

三、"十四五"定调未来房地产发展方向

2020 年 11 月 3 日，通过了《中共中央关于制定国民经济和社会发展第十四个五年规划和二〇三五年远景目标的建议》（以下简称《建议》）。

在房地产方面，《建议》提出要全面促进消费，促进住房消费健康发展。《建议》指出，推动金融、房地产同实体经济均衡发展，实现上下游、产供销有效衔接，促进农业、制造业、服务业、能源资源等产业门类关系协调。《建议》指出，坚持房子是用来住的、不是用来炒的定位，租购并举、因城施策，促进房地产市场平稳健康发展。有效增加保障性住房供给，完善土地出让收入分配机制，探索支持利用集体建设用地按照规划建设租赁住房，支持长租房政策，扩大保障性租赁住房供给。《建议》指出，推进以人为核心的新型城镇化。实施城市更新行动，推进城市生态修复、功能完善工程，统筹城市规划、建设、管理，合理确定城市规模、人口密度、空间结构，促进大中小城市和小城镇协调发展。强化历史文化保护、塑造城市风貌，加强城镇老旧小区改造和社区建设，增强城市防洪排涝能力，建设海绵城市、韧性城市。

（一）推动金融、房地产同实体经济均衡发展

实体经济要发展，房地产同样要发展。经济发展离不开房地产。两者要均衡，不能脱实入虚，不能脱离实体经济去过度发展房地产。《建议》基本确定了房地产在经济发展中的地位和定位。这一点呼应了之前提出的"不以房地产刺激经济"，随着房地产市场的快速发展，我国土地收入占国民经济的比重较高。

（二）坚持房住不炒、因城施策，促进房地产市场平稳健康发展

住房消费要发展，但是要把握"健康"这个度，不能过度，不能不健康。

坚持房子是用来住的、不是用来炒的定位。自 2016 年提出"房住不炒"的概念后，"房

住不炒"的定位一直未变，预计未来一段时间内，房住不炒定位仍不会改变。这也就意味着未来政策方向上，刚需群体、无房家庭仍是政策的保护对象。

这里提到因城施策，促进房地产市场平稳健康发展。这意味着接下来的政策仍是根据地方房地产市场的状况差异化调控，同时赋予了地方政府调控房地产市场的权力，但地方政府调控房地产政策的前提是有利于当地城市房地产市场平稳发展，并不能随意调控。

（三）有效增加保障性住房供给，完善长租房政策

渠道拓宽，利用集体建设用地建设租赁住房将在政策上破局，并且成为未来租赁住房的重要形式。对于租赁市场，一是支持利用集体建设用地按照规划建设租赁住房；二是扩大保障性租赁住房的供给，也意味着未来自持地块的比例或有进一步提升的可能性。

完善长租房政策代表着长租公寓的发展仍受到重视，后续对于长租公寓的规范性，监管方面的政策将会进一步完善，包括人才住房落户、入学的问题、租售同权等方面将继续探索推进。要有效增加保障性住房供给，如公租房、共有产权房供给将进一步增加，更大量解决中低收入的居民的住房问题。

（四）推进以人为核心的新型城镇化，实施城市更新行动

新型城镇化以人为核心，以人的流动来决定住房和消费，住房和生活配套要围绕人来展开。既要推进城乡基本公共服务均等化，继续把新增公共资源向农村倾斜，提高农村居民享受基本公共服务的水平，让进城农民工及其家庭真正融入城市，享受同等的社会保障、义务教育、保障性住房等基本公共服务。

"十四五"规划期间，我国城市化需求将继续增加，根据国务院发布的《国家人口发展规划（2016—2030年）》中的相关要求，重点关注房地产产业的需求供应能力与区域吸引能力，将医疗、养老、物流等行业要素精准嫁接，将成为未来房地产产业的重要发展路径。

（五）加强城镇老旧小区改造和社区建设，建设海绵城市、韧性城市

"韧性城市"，这个已在建筑业界热议多时的城市建设理念正式写进了中央文件。根据国际组织倡导地区可持续发展国际理事会对其的定义，"韧性城市"指城市能够凭自身的能力抵御灾害，减轻灾害损失，并合理地调配资源以从灾害中快速恢复过来。早在2017年6月，中国地震局提出实施的国家地震科技创新工程包含了四大计划，"韧

性城乡"计划就是其中之一。

建设"韧性城市"要求城市治理体现出比较大的韧性——当发生危机时，城市有比较强的抵御能力，危机发生以后，城市也有比较完备的应对措施。随着中国的城市规模越来越大，人口密度越来越高，城市的风险防控能力，包括对自然风险、卫生风险以及社会风险等的防御能力都应该得到提升。

未来 5 ~ 15 年，房地产行业依然要发展，但是要把握 3 个关键词：均衡、平稳、健康。时代和发展阶段变了，孕育的新机会也会有所变化，城市更新、老旧小区改造、常住人口落户、中心城市、城市群、都市圈等都面临新机会。谁能对未来的形势和发展方向把握得精准，谁的战略战术调整更有针对性，谁就能在今后竞争越来越激烈、利润越来越薄的房地产市场中决胜未来。

[1] 亚当·斯密 . 国富论：国民财富的性质和原因的研究 [M]. 杨敬年，译 . 西安：陕西人民出版社，2001.

[2] 马克思 . 资本论 [M]. 郭大力，王亚南，译 . 北京：人民出版社，1953.

[3] 阿尔弗雷德·马歇尔 . 经济学原理 [M]. 廉运杰，译 . 北京：华夏出版社，2005.

[4] 谢家瑾 . 房地产这十年 [M]. 北京：中国市场出版社，2009.

[5] 孟晓苏 . 房地产投资与交易 [M]. 北京：中国大地出版社，1993.

[6] 季志敏，李德峰 . 房地产经营管理 [M]. 北京：中国人民大学出版社，2009.

[7] 赖一飞，陈文磊，郑志刚 . 房地产开发经营管理学 [M]. 武汉：武汉大学出版社，2018.

[8] 中国房地产经营管理研究中心 . 中国房地产经营管理全书 [M]. 北京：中国言实出版社，2005.

[9] 胡康生 . 中华人民共和国物权法释义 [M]. 北京：法律出版社，2007.

[10] 李信，何绍一，杨燕敏，等 . 房地产行政管理概论 [M]. 北京：中国建筑工业出版社，1992.

[11] 陈枫 . 论业主委员会的主体性质及当事人能力 [J]. 人民司法，2004(9).

[12] 冯冥冥 . 房地产行政管理 [M]. 北京：中国建材工业出版社，1993.

[13] 李鸿毅 . 土地法论 [M]. 台北：三民书局，1999.

[14] 温海珍，曾辉 . 高等院校工程管理系列教材：房地产经济学 [M]. 杭州：浙江大学出版社，2014.

[15] 中国社会科学院国家未来城市实验室，中国房地产估价师与房地产经纪人学会 . 房地产蓝皮书：中国房地产
    发展报告 No.19（2022）[M]. 北京：社会科学文献出版社，2022.

[16] 斯坦 . 房地产及其开发经典读本 [M]. 张红，译 . 北京：中国水利水电出版社，2007.

[17] 杨大春 . 中国房地产税收法制的变迁与改革 [M]. 南京：江苏教育出版社，2007.

[18] 刘薇，滕一峰 . 房地产开发与管理 [M]. 北京：北京大学出版社，2010.

[19] 葛静 . 中国房地产税改革：功能定位、路径选择与制度设计 [M]. 北京：经济科学出版社，2015.